희망을 떠개이는 남자

희망을 뜨개하는 남자

1판 1쇄 인쇄 2015년 9월 10일
1판 1쇄 발행 2015년 9월 15일

지은이 조성진
구성기획 문희철
펴낸이 이윤규

펴낸곳 유아이북스
출판등록 2012년 4월 2일
주소 서울시 용산구 효창원로 64길 6
전화 (02) 704-2521
팩스 (02) 715-3536
이메일 uibooks@uibooks.co.kr

ISBN 978-89-98156-44-2 03190
값 14,000원

* 이 도서의 국립중앙도서관 출판시도서목록(CIP)은 서지정보유통지원시스템 홈페이지(http://seoji.nl.go.kr)와 국가 자료공동목록시스템(http://www.nl.go.kr/kolisnet)에서 이용하실 수 있습니다. (CIP 제어번호 : 2015022517)

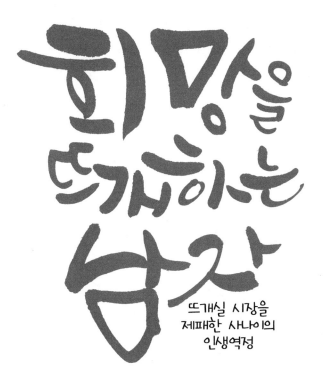

희망을 뜨개하는 남자

뜨개실 시장을
제패한 사나이의
인생역정

조성진 지음

유아이북스
Ultimate Information

v

남들이 가지 않는 길

공병호 | 공병호경영연구소 소장

이 책을 읽으며 〈가지 않은 길〉이란 로버트 프로스트의 시가 먼저 떠올랐다.

시인은 숲 속에 두 갈래 길이 있었는데 사람이 적게 간 길을 택했고, 그것 때문에 모든 것이 달라졌다고 노래한다.

저자의 삶 자체가 남들이 가지 않는 궤적을 그린다. 두 명의 아버지와 네 명의 어머니 슬하에서 자라 소상공인으로서 남들과 다른 영업 방식으로 업계 1위를 일궜다. 그것도 뜨개실이라는 남자와는 어울리지 않을 것 같은 시장에서 말이다. 굵직한 분야에서 이룩한 거창한 성공은 아니라지만 일등이란 것은 아무나 우연히 할 수 있는 게 아니다. 수많은 실패의 가능성을 피해야 경험할 수 있다. 그것은 남다른 사고와 치열한 노력의 결과다. 그것은 끊임없는 고민과 공부를 통해 이뤄지는 것이다.

조 사장과의 인연은 사실 그리 오래 되지는 않았다. 2010년 3월 진행한 '일반인을 위한 자기경영 아카데미' 73기 수강생으로 그가 참여하면서 만나게 됐다. 그는 한 조직을 책임지는 사업가였지만 강의에서는 누구보다 열정적인 학생이었다. 단순히 자기 경영 노하우를 공부하는 게 아니라 생활 속에서 실천해왔다. 그는 내 강연을 통해 오늘과 내일의 시간을 통제하고 계획하는 방법을 배우면서 잠시 줄어들었던 열정에 다시 불을 붙이는 계기를 마련했다고 한다. 이렇게 보면 책에 담긴 내용의 일부는 내 강연의 실천 결과라고 봐도 무방할 듯하다. 이렇게 생각하니 감히 뿌듯한 기분마저 든다.

사실 그가 살아온 환경은 일반적인 성공 이론이나 기술이 통할까 싶을 정도로 절대 평범하지 않았다. 드라마 소재로 써도 좋을 만큼 기구했다. 실제로 방송국에서 그의 가정사를 주제로 다큐멘터리까지 촬영한 적도 있다고 한다. 누구보다 어두운 어린 시절이었지만 현실에 좌절하지 않았다는 게 특별하다. 그가 뜨개실로 성공하기 이전에 한 일은 참으로 다양하다. 택시운전기사, 주류상부터 막노동에 목욕탕 때밀이까지 경험했다.

그는 고통스런 경험을 하면서 환경을 탓하거나 누군가의 위로를 바라지 않았다. 주위의 대우나 환경이 불공정하거나 불평등하더라도 그냥 받아들였다. 시선을 멀리 두면서 말이다. 그는 일단 불공평해 보이는 사건이라도 일단 받아들이면 어느 순간 예상치 못한 다른 일이 벌어진다고 말한다. 일반화시키긴 어려운 부분이지만 적어도 조 사장이 계속 새로운 꿈을 꾸는 원동력은 됐다. 주위만 탓하며 고집 부려봤자 후회만 남는다는 그는 '플러스와 마이너스가 더해져 0에 수렴하는 게 인생'이라고 주장한다. 이 부분에서 나는 인생과 성공이란 주제를 대하는 저자만의 여유를 읽을 수 있었다. 괴로워하고 절망하는 만큼 내가 기뻐하고 자부심을 느낄 일이 생길 수 있다는 희망 말이다. 이것은 신이 인간에게 선물한 인생에 대한 궁극의 긍정이라고까지 느껴진다.

그는 뭔가 이해할 수 없는 일이 자꾸 터지더라도, 장기적인 관점에서 결국 좋은 일이 될지도 모른다고 주장한다. 그렇지 않더라도 나쁜 일이 터지면 그에 상응하는 또 다른 좋은 사건이 우리를 기다리고 있을지 모른다고 덧붙인다. 그게 세상 돌아가는 이치라는 것이다.

끝까지 포기하지 않는 한 희망은 있다는 사실을 삶으로 증명한 저자의 인생에 박수를 보낸다. 절망의 순간, 누군가 자신을 위로해주기만 바라는 이들에게 신선한 충격을 줄 수 있는 책이다. 행복한 성공을 꿈꾸는 사람이라면 누구나 일독을 권한다.

❦

상처의 기억을 희망으로 바꾼 연금술사

최연지 | 드라마 작가

국내 가장 막강한 온·오프 물류네트워크를 보유한 굴지의 뜨개실 생산 유통업체 '연애사'. 이 회사를 운영하는 조성진 대표가 책을 내다니 우선 무척 반갑고 놀랍다.

연애사란 이름을 처음 들었을 때 참 재미있다는 생각이 들었다. 연애사의 '사'란 글자가 실絲이란 의미의 한자라면 연애사란 사명은 영어로 러브 니트Love Neat로 통한다. 그런데 '사'가 일事을 뜻하는 한자라면 러브 어페어Love Affair라고 할 수 있다. 회사명부터 소위 '끼'가 넘친다. 조 사장은 그런 사람이다.

금수저 물고나와 사랑의 양광까지 흠뻑 받고 자란 듯 곱상한 외모에 동안이다. 미모의 아내까지 둔 행운의 남자다.

게다가 가정 분위기는 TV 광고에 나올 법한 가족 판타지의 현실판이다. 그는 아내에게 자상한 남편이면서 아들에겐 최고의 아버지다. 두 아들의 단짝친구들 이야기를 나누면서 자식들과 친구처럼 지낸다. 업무에 아무리 지칠지라도 주말엔 일부러라도 시간을 내서 가족들과 캠핑을 떠나는 게 일상이다. 그야말로 일과 가정, 둘 다 성공한 남자의 전형을 보는 느낌이다.

몇 년 전 그는 유럽 출장을 가면서 아홉 살 난 아들을 대동했다. 여행 중에서 네덜란드에서의 추억이 특별했다고 한다. 그곳에서 조 사장은 어린 시절의 추억을 떠올리면서 네덜란드 빈센트 반 고흐 미술관에 들렀다. 그가 아홉 살 때 읽었던 그림책에서 가장 감명 깊게 봤던 그림 작품이 있었다. 다름 아닌 '감자를 먹는 농부들'이다. 그가 아홉 살 때부터 보고 싶었던 작품을 아홉 살 난 아들과 함께 감상하게 됐을 때 어떤 감격이 몰려왔을까. 나중에 듣게 된 감상평이 의외였다. 너무 허무했다고 한다. 생각만큼 감동이 밀려오지는 않았다는 고백이었다. 나 또한 허무했지만 다음 말이 걸작이었다. 그는 "꿈은 아낄 때가 아니고 실천할 때 가치가 있다는 것을 알았다"고 힘줘 말했다. 바꿔 말하면 아홉 살 때 그림이 보고 싶었으면 그 당시에 어떻게 해서든 봤어야 했다는 것이다.

조 사장만의 현실주의적인 철학을 보여준 일화였다. 아들과의 여행 이후 그는 옛 추억이나 감상에만 젖어있지 않는다. 지금 당장 작은 꿈이라도 실천하는 삶을 추구하고 있다. 이 책도 같은 맥락에서 탄생했다고 생각한다.

요즘같이 복잡한 세상에서 성공하려면 다른 사람과 소통을 잘해야 한다. 때문에 최근 성공한 사람 중에 소통의 달인이 아닌 사람은 거의 없다. 탁월한 소통 기술은 남다른 열정과 시간을 통해 길러지는 것이다. 일과 가정 양쪽에서 성공한 조 사장은 그래서 무척이나 바쁠 수밖에 없다.

이런 그가 틈틈이 시간을 내서 꾸준히 글을 써왔다는 것 자체만으로도 놀라운 일이다. 그런데 내용을 보고 한 번 더 놀랐다. 원만한 성격에 호감형인 외모 탓에 큰 고생 없이 살아왔을 것이라고 막연히 생각했는데 정반대였다. 금수저를 물고 태어났다는 표현의 정반대가 있다면 그의 어린 시절일 것이다. 드라마에서나 볼 듯한 기가 막힌 가정환경에 쓰라린 시련까지 기억 속에 칼자국처럼 상처로 새겨졌을 시간들이 책에 담겨 있다. 그는 수없이 넘어지고 일어나기를 반복하며 끈질기고 의연하게 성실함 하나로 여기까지 왔다. 그 숱한 어둠과 뼈저린 아픔을 오히려 발전을 위한 자산으로 삼았다는 고백에 절로 경의를 표하게 된다.

조 사장은 사이가 좋지 않았던 친아버지에게서는 물론, 가장 가까웠던 친어머니에게서도 때로 소외감을 느꼈다. 새아버지와 살게 된 친어머니는 친아버지에게 절대 보내지 않겠단 약속까지 어겼다. 보통 사람 같으면 부모를 오랫동안 원망했을 것이다. 하지만 그는 달랐다. 친아버지에게 구박받고 이복형들에게 특별한 이유 없이 구타까지 당하면서도 말이다. 그는 담담히 상황을 받아들이면서, '사람이 약속을 지킨다는 것이 얼마나 중요한 일인가' 하는 교훈을 얻었다. 끝내 약속을 지키지 않았던 부모들을 타산지석으로 삼고 그들과 다른 삶을 살고자 했다. 비즈니스적인 면에서는 어떠한 상황에도 약속을 지킨다는 철학을 갖게 되었다.

그는 아무리 뼈아픈 상처의 기억이라도 희망으로 바꾸는 연금술사다. 그만큼 삶을 긍정할 줄 안다.

'학벌이 부족하면 학벌이 중요하지 않은 곳으로 가서 성공하면 된다'는 식이다. 마음먹기에 따라 약점이 강점이 되기도 하고, 강점이 약점이 될 수 있는 게 세상사다.

조 사장의 삶 자체가 그 증거다. 친아버지, 새어머니, 친어머니, 새아버지 사이를 셔틀콕처럼 왔다 갔다 하던, 한때는 스스로 잉여인간이라고 생각했던 소년이 너무도 행복한 가정의 가장이 됐다. 청계천 실가게 말단 직원에서 오늘의 니트왕국을 일궈냈다.

저자는 스스로 생각하기에 부족한 본인도 이렇게 사는데, 당신이라고 못할 게 무엇이 있느냐고 반문한다.

저자는 현실의 파도에 부딪힐 때마다 귀중한 교훈을 얻었고, 주변에서 롤모델을 찾아냈다. 사람들의 장점은 물론 단점에서도 배우며 스스로를 단련해왔다.

때밀이와 택시운전사 일을 하면서도 그랬다. 손님과의 대화에서 세상을 배웠고, 꾸준한 독서와 강연참여를 통해 스스로 지식의 지평을 넓히고 실천했다.

사회라는 학교에서 탐욕스럽게 배워온 그가 말하는 꿈의 가치, 돈의 가치, 약속의 가치 그리고 성실과 정직의 가치는 소위 3포 · 5포 · 7포 세대라 자칭하는 요즘 청년들에게 그가 전하고픈 메시지이다.

조 사장은 사업가로서 상생구조, 즉 모두 더불어 행복하게 상생하는 큰 구도의 그림을 그리고 있다. 이 책 역시 그 큰 그림의 일환이다.

오늘날 수많은 상처받은 소년, 희망을 잃은 청년에게 이 글은 다정한 형의 목소리로 소곤거린다.

"너의 그 슬픔, 그 상처, 그 분노를 재산으로 일어나는 거야."

"일에도 사랑에도 가정에도 성공할 수 있어."

"너도 행복할 수 있어. 가장 불행했던 사람이 가장 행복할 자격과 권리를 갖는 거야."

❤

누구나 행복할 권리가 있다

애플의 창업자 스티브 잡스? 마이크로소프트사의 설립자 빌 게이츠?

모두 훌륭한 사람들입니다. 이 시대를 대표하는 유능한 인물이자, 수많은 사람들이 '존경하는 인물'로 꼽는 롤모델입니다. 언론에서 사람들을 대상으로 존경하는 인물에 대해 설문조사를 할 때마다 이런 사람들이 물망에 오르고, 많은 이들이 그들의 삶을 동경합니다.

하지만 저는 이런 사람들의 이름을 들어도 가슴이 설레거나 심장이 뛰지 않습니다. 그저 나와 다른 세계 혹은 차원에 사는 사람처럼 느낄 뿐입니다. 아예 이들이 정말 나와 같은 지구의 땅을 밟고 있거나 밟았던 사람인지 의심스러울 정도입니다.

저는 항상 주변에서 롤모델을 찾았습니다. 스티브 잡스나 빌 게이츠 같은 대표적인 롤모델을 바라보지 않았습니다. 대신 가까운 곳에 있는 실현 가능한 대상을 찾고, 그 사람을 닮기 위해 노력했습니다. 제 앞의 현실과 한계를 점검하고 그 대상을 쫓아갔습니다. 그리고 하고 싶은 일보다 제가 잘 할 수 있는 일을 찾았습니다. 저도 누군가처럼 성공하고 싶었기 때문입니다.

일단 성공한 사람들을 무조건 찾아가서 만나보았습니다. 무일푼 오징어 행상에서 시작해 18평짜리 야채가게를 대한민국 평당 최고 매출을 올리는 가게로 만들어낸 총각네 야채가게 이영석 대표와 사람들이 가장 만나고 싶어 하는 라이프 코치로 꼽힌 분도 여럿 만났습니다. 그들은 대부분 자신은 지극히 평범한 사람일 뿐이었다고 말했습니다. 그리고 단 한순간의 흔들림도 없이 본인만의 길을 걸어 왔다는 말도 덧붙였습니다.

하지만 그들의 '평범함'은 제겐 너무나 거대하고 대단해보였습니다. '당연히' 고등학교를 졸업하고, '당연히' 부모님의 사랑을 받았기에 그런 부분은 언급조차 하지 않았습니다. 외려 의무교육인 중고등학교 수업을 제대로 듣지 않았다거나 부모에게 버림받는다거나 하는 건 '평범하지 않은' 일이었죠. 평균이하의 조건을 가진 저에게는, 그들이 당연하다고 여기는 조건을 갖춘 삶이 마치 금수저를 물고 태어난 삶처럼 느껴졌습니다. 기본적인 스펙도 없고 버림 받으면서 살았던 인생이기에 더욱 절망할 수밖에 없었습니다.

그러나 그들처럼 되고 싶은 욕망은 사라지지 않았습니다. 그들의 강연을 듣고 책을 읽으면서 닮기 위해 노력했습니다. 두려웠지만 그렇다고 단지 그들을 부러움의 대상으로 먼발치에서 보고 싶지 않았습니다. 평균이하의 조건을 가진 나도 성공해서 언젠가 그들처럼 '평범해지고' 싶었습니다.

그들과는 달리 평범한 제가 성공할 수 있는 방법을 고민했습니다. 우선 그들과는 다른 제 장점을 찾아보았습니다. 그리고 엉뚱하지만 오히려 버림받은 아픔과 좌절의 경험이 제 장점이 될 수 있다고 생각했습니다.

저는 누구보다도 많은 좌절을 겪었던 억울한 과거를 갖고 있습니다. 실패나 좌절 그리고 낙오자의 꼬리표를 달고 살았습니다. 이 단점을 장점으로 바꾸기 위해 부단히 노력했습니다. 좌절과 낙오자의 꼬리표를 장점으로 생각을 바꿀 수 있다면 성공할 수 있을 거라고 생각했습니다. 성공한 사람들과 어깨를 나란히 하면서 눈을 마주치는 제 자신을 상상하고 거울 속의 저에게 용기를 주었습니다.

그렇게 노력한 지 십 수 년 후, 이제 저는 당당히 사장이라는 명함을 꺼낼 수 있습니다. 웬만한 중소기업 못지않은 규모로 사업을 키우면서, 뜨개질을 사랑하는 수많은 사람들과 함께 웃고 함께 시간을 보내며 인생을 느낄 줄 아는 사람이 되었습니다. 무엇보다 초등학교에 다니는 2년 터울인 두 아들 앞에서 당당한 아빠이며, 사랑하는 아내의 남편이라는 사실도 저를 기쁘게 합니다. 누구에겐 아빠이자 남편이고, 자신이 좋아하는 일을 하면서 산다는 사실이 당연하겠지만, 제겐 생각지도 못했던 비현실적인 꿈이 현실로 이뤄진 것만 같습니다.

가장 불행한 사람도 행복할 권리는 존재한다고 믿습니다. 좌절했던 경험을 그저 억울해 하거나 분노로 표출하면 결국 실패한 인생이 됩니다. 억울한 유년시절과 실패했던 경험은 오히려 성공의 밑거름이 되었습니다.

평범하지 못했던 제가, 임직원 수십 명을 대표하는 한 회사의 대표가
되어 평범한 삶을 살게 된 비결을 이제부터 여러분께 털어놓을까 합니다.
평범하지만 놓치기 쉬운 일상 속에서 성공의 조건을 여러분과 나누고 싶
습니다.

2015년 가을
조성진

1장 | 꿈을 아끼지 말라

4장 | 누구나 1등이 될 수 있다

1장

꿈을
아끼지 말라

빈센트 반 고흐 국립미술관에서
가장 보고 싶던 그림인 '감자를 먹는 농부들' 앞에 섰습니다.
그런데 생각했던 것만큼 감동이 밀려오지는 않았습니다.
너무 허무했습니다.
꿈은 아낄 때가 아니라 실천할 때
그 가치가 있다는 것을 깨달았습니다.

'무엇'보다 중요한 질문은 '어디서'다

처음부터 성공하는 사업가는 별로 없습니다.

천천히 이야기하겠지만 저 역시 맨몸으로 여러 사회 경험을 경험한 후에 의욕적으로 기획했던 첫 사업은 처참한 실패였습니다. 사실 저는 이런 경험 덕분에 탄생했습니다. 사업 계획은 일단 어디에 발을 들일 것인지 결정하는 게 먼저입니다. 제 인생을 반추하건대 이는 틀림없는 진리입니다. 일을 하면서 학교면 학교, 군대면 군대, 교도소면 교도소, 레스토랑이면 레스토랑, 그리고 도시락 전문점이면 도시락 전문점 등 어떤 환경에 있느냐에 따라 무의식적으로 제 행동도 변했습니다.

그래서 저도 사업을 시작할 때 고려해야 할 여러 가지 요소 중 '환경', 즉 '어디'를 비중 있게 고려했습니다.

❤ 사업할 분야는 가까운 곳에 있다

당신이 사업가로서 꿈을 꾸고 있다면 성실이란 자원을 언제, 어떤 분야에 투입해야 할지 신중하게 고민해야 합니다. 언급했듯이, 열심히 하긴 해야 하겠지만, 어디서나 무조건 열심히 일한다고 다 그 노력의 과실이 돌아오는 건 아니기 때문이죠. 열심히 하되, 어디서 열심히 할지 최선을 다해 모색해야 합니다. 출발이 반이라는 말이 있습니다. 어느 곳에서 시작하느냐가 정말 절반을 차지합니다. 신중한 출발선의 선택은 결과물을 180도 바꿔놓을 수 있습니다.

그래서 저는 우선 큰 그림을 생각했습니다. 사업이란 게 나한테 맞는 진로인가 하는 근본적인 문제부터 고민했습니다.

젊은 시절 저는 살기 위해 닥치는 대로 일을 했습니다. 그 가운데서도 삶의 방향에 대한 고민을 놓지 않았습니다.

특히 택시운전기사와 주류도매상을 경험하면서, 직장 생활보다는 장사가 제 적성에 맞는다는 것을 깨달았습니다. 함께 아르바이트나 막노동을 했던 모든 지인들이 한결같이 저에게 '어차피 너처럼 근면한 녀석이 무엇인가를 하려면 장사를 해야 한다'고 조언한 것도 영향을 미친 것 같습니다.

다음에는 무슨 장사를 어디서 할지 고민했습니다. 여러 사람에게 종목을 추천 받았지만 이거다 싶은 것이 없었습니다. 이것저것 궁리하다가 저는 그간 택시운전하면서 얻은 기억을 상기해보았습니다. 손님이 목적지를 부를 때, 제가 가장 기분이 좋았던 곳은 바로 청계천이었습니다. 활력이 넘치는 청계천의 에너지가 좋았던 것 같습니다. 무의식중에 '청계천에 가면 뭐든지 할 수 있겠다'는 생각도 했습니다.

"그래, 일단 청계천에 가보자."

저는 특별한 계획도 없이 무작정 청계천으로 발걸음을 돌렸습니다. 우선 청계천 1가부터 구경하며 청계천에서 무슨 상품을 취급하고 있는지 살폈습니다. 다양한 상품을 팔고 있었지만, 그중에도 청계천 4가와 5가 사이에 있는 털실 도매상에 유난히 관심이 갔습니다.

털실 도매상을 보면서 어릴 적 뜨개 옷을 입은 아이들이 무척 부러웠던 기억이 떠올랐습니다. 당시 그 옷을 입기 싫다고 도망 다니거나 입지 않으려고 떼를 쓰는 아이들을 보면서 배부른 투정이라고 생각했습니다. 그리고 나도 뜨개질 옷을 꼭 입고 싶다는 생각을 했었던 기억이 있습니다. 시간이 없고 뜨개질에 관심이 없는 친어머니에게 뜨개 옷은 생각할 필요조차 없는 사치였습니다.

관심 있는 상품이 눈에 들어오고 나니, 길이 열리기 시작했습니다. 여기저기 수소문해서 알아본 결과 고등학교 친구 중 한 명이 청계천 5가 뜨개질 도매상에서 장사를 배우고 있었습니다. 더군다나 그 친구가 일하는 도매상 사장이 업계에서 가장 많이 파는 상인 중에 한 명이었습니다. 저는 내심 쾌재를 불렀습니다. 아무래도 무슨 일을 시작하려면 그 업종에 종사하려는 사람이 있고 없고가 상당히 큰 영향을 미치기 때문이죠.

하지만 인생을 걸어야 하는 일이기 때문에 좀 더 신중하고 싶었습니다. 그래서 주변에 뜨개질하는 사람들을 생각해보았습니다. 그때 문득 막내이모가 떠올랐습니다. 마음의 상처를 안고 지방으로 도망치듯이 가버린 막내이모는 전북 군산에서 자리를 잡은 뒤, 가족들과 연락을 끊었습니다. 그 뒤 미국인 이모부를 만나면서 안정을 찾았고, 당시 친척들에게 알리지 않고 이모부와 함께 미국 이민을 준비하고 있었습니다.

오랫동안 이모와 연락이 두절됐지만, 마침 제가 청계천에서 새로운 인생을 시작하려고 할 때 우연히 연락이 왔고, 그때 이모와 재회했습니다. 이모는 군산과 서울을 오가며 많은 이야기를 들려주었고, 제게 마음을 열면서 친척어른들과도 다시 연락하게 되었습니다. 그리고 이모와는 이민가기 전까지 3개월 동안 저와 거의 붙어 다니며 마지막 추억을 만들었습니다.

그때 이모의 취미가 바로 뜨개질이었습니다. 막내이모는 어린 시절부터 항상 손으로 무언가 만들기를 좋아했고 솜씨도 뛰어났습니다. 그중에서 뜨개질에 대한 집착이 강했습니다. 가끔씩 막내이모는 제게 "외국에서는 남자들도 뜨개질을 많이 하더라. 너도 나중에 마음이 복잡해지고 힘들어지면 뜨개질을 한 번 해보는 게 어때?"라고 말한 적이 있습니다.

이모 덕분에 저는 뜨개질의 매력을 더 자세히 알 수 있게 되었습니다. 막내이모는 뜨개질 예찬론자였습니다. 집중하면 날을 새면서 뜨개편물을 만들었고, 그것이 완성되면 얼굴에 희열이 고스란히 남아있던 모습을 기억합니다. 이모가 했던 말 중 가장 기억에 남는 말은 이겁니다.

"아픈 상처와 기억의 조각도 뜨개질 편물을 완성하면서 잊어버릴 수 있어. 그게 바로 뜨개질의 매력이지."

막내이모는 첫사랑의 상처와 친구의 배신, 그 아픔의 기억들을 뜨개질을 통해 극복할 수 있었습니다. 한 코 한 코 엮어갈수록 심신의 안정을 찾았고 미국인 이모부를 만나면서 새 삶을 꿈 꿀 수 있었습니다.

청계천에서 뜨개질에 사용되는 털실과 용품들을 보면서 문득 막내이모의 말들이 떠올랐습니다. 특히 저는 막내이모가 했던 말들을 통해 뜨개질이 중독성이 있다는 사실에 집중했습니다. 모든 손놀이의 끝이 뜨개질이라는 사실은 제가 모든 것을 투자해야 할 종목을 결정하는 데 도움을 주었습니다. 저는 뜨개질에 인생을 걸어보아도 좋겠다고 생각하였습니다.

🌱 행운은 항상 내 주변에 있다

마침 친구의 매장에서 운전할 줄 아는 직원을 구하고 있었고 저는 1999년 어느 날, 제 인생을 바꾼 청계천으로 출근하게 되었습니다.

처음 일하던 날. 땀이 많았던 전 막노동을 할 때처럼 수건을 목에 걸어야 했습니다. 매장에서 손님을 맞는 것이 아니라, 창고에 수도 없이 왔다 갔다 하며 짐을 나르는 일을 반복해야 했기 때문입니다. 작업 환경이 좁은데다 땀이 비 오듯이 쏟아졌기 때문에 안경을 올리느라 무척 고생했습니다. 당시 부사장은 저를 보면서 제가 탐탁지 않았다고 합니다. 그는 "여기가 막노동 현장이냐"라며 저를 나무랐고, 수건을 목에 걸지 말라고 말했습니다.

첫 출근 날부터 사고가 터졌습니다. 청계천과 동대문의 매장은 매우 작습니다. 창고 또한 넓지 않았는데 창고 가득히 쌓인 물건들로 인해 움직임의 폭도 좁아서 적응하기가 쉽지 않았습니다. 저는 성격도 급한데다 창고의 환경도 난생 처음 접하는 생소한 환경이었기에 모든 것이 낯설고 힘들었습니다. 침착하게 환경에 적응부터 하고 일을 했어야 하는데 급한 성격 때문에 무작정 빠르게 일을 처리하려고 몸을 움직였습니다. 저는 좁은 공간에서 안경에 흘러내린 땀을 닦아내며 고개를 돌리다가 결국 대바늘에 눈이 찔리고 말았습니다. 너무 아팠습니다. 앞을 볼 수 없을뿐더러 눈조차 뜰 수 없었습니다. 점심을 먹고 나서 오후 2시쯤에 사고가 발생했으니, 일을 시작한 지 불과 7시간 만에 사고를 친 것이었습니다.

첫 날부터 회사에 폐를 끼치기 싫어서 안과에 갔다가 되돌아오려고 했지만, 부사장은 그냥 퇴근하라고 했습니다. 우물쭈물하는 행동이 마음에 안 들었던 것 같습니다. 당시 저는 인대가 찢어지는 교통사고 때문에 장기간 입원했다가 퇴원한 지 얼마 안 된 시점이었습니다. 병원에서 갓 퇴원을 한 직후라 체중이 불어 뚱뚱했었고 몸과 달리 성격은 급해서 마음가는대로 몸이 따라주지 않았습니다. 이렇게 몸과 마음이 따로 놀다 보니 행동이 마치 우물쭈물하는 것처럼 보였나 봅니다. 처음부터 마음에 들지 않았는데 부사장이 바로 퇴근하라고 말하자 모두들 제가 다음날부터 출근하지 않을 거라고 생각했다고 합니다.

하지만 오히려 저는 부사장의 한마디 때문에 오기가 생겼습니다. 제가 얼마나 일을 잘 하는지 보여주고 싶었고 스스로에게도 제 가치를 찾자고 다짐했습니다.

다음날이 되자 저는 매우 일찍 출근했습니다. 7시 30분이 출근시간이었지만 전 7시부터 출근해서 매장 앞에서 부사장을 기다리고 있었습니다. 기다리면서 저를 보고 놀라는 주변 상인들과 직원들의 눈길을 느꼈습니다. 직원들은 출근하자 안대를 하고 나타난 제 모습이 우스운 듯 모두들 웃었고 저는 어금니를 꽉 물면서 제 가치를 보여주겠노라고 다짐했습니다.

8평의 작은 매장이었지만 직원은 사장을 제외하고 모두 5명이었습니다. 이 중 남자직원 세 명은 고등학교 동창인 친구와 저 그리고 동갑내기 친구였습니다. 여직원은 사장의 조카였고 부사장은 사장의 친형으로 실질적인 안살림을 했으며, 사장은 직접 영업하는 구조였습니다.

우연인지 필연인지 저는 영업을 맡게 되었습니다. 원래 고등학교 동창이었던 친구가 사장과 영업을 다니고, 저는 전 매장에서 업무를 하기로 했었습니다. 하지만 첫 날 사고를 치면서 제가 부사장의 눈 밖에 나 업무가 바뀌었고 제가 영업을 다니게 되었습니다. 나중에 알았지만 사고라는 불행이 제 인생에서 매우 큰 행운으로 바뀌는 순간이었습니다.

당시 털실 매장에서 운전할 수 있는 직원을 구했던 이유는 사장님 자신의 체력적인 한계 때문이었습니다. 사장은 운전기사의 개념으로 직원을 구했습니다. 하지만 업무 인수인계 때문에 부사장과의 갈등이 일어났습니다. 갈등의 요인은 저를 탐탁지 않게 보았던 부사장 때문이었습니다. 베테랑이었던 자신의 조카를 데리고 나가려는 사장과 베테랑이 빠지면 매장내의 일이 힘들다는 부사장의 의견이 충돌했습니다. 이 갈등의 여파로 결국 제가 외부영업을 나가게 된 것이죠. 물론 친구이자 조카였던 동창은 마음이 워낙 착해서 본인이 영업을 나가고 싶었지만 양보하는 마음으로 제게 영업을 넘겼습니다. 덕분에 일은 잘 마무리되었습니다.

그때의 실무 경험이 오늘 저를 만든 초석이 되었습니다. 사장과 영업을 다니면서 저는 사장에게 신임을 받게 되었고 영업 노하우와 방식 그리고 삶의 자세에 대한 얘기를 많이 들을 수 있었습니다. 돌이켜보면 행운은 언제나 제 주변에 따르고 있었으나 그때 저는 그 사건이 행운이라는 사실을 몰랐던 것 같습니다.

❧ 내 사업을 한다는 마음으로 관행을 타파하라

저를 제외한 다른 남자직원 두 명은 근무경력이 2년 가까이 되었기 때문에 능수능란하게 일 처리를 했습니다. 두 명은 모두 베테랑들이었고 영업을 나가는 저보다 매장에서 손님을 상대하는 요령이 좋았습니다. 그래서 일단 그들을 목표이자 본보기로 삼았습니다. 저는 그들이 일하는 모습을 눈여겨보면서 먼저 그들의 장점과 단점을 파악했습니다.

고등학교 동창이었던 친구는 깔끔하게 일을 잘했습니다. 박스와 봉지 단위의 실 정리도 깔끔하게 하고 주변 정리를 깨끗하게 하면서 물건을 빼다 날랐습니다. 하지만 부사장은 꼼꼼한 그의 성격 때문에 늦어지는 일처리를 마음에 들지 않아 했습니다. 주로 전반적인 평가는 '느리다'였고, 더군다나 조카라는 이유로 필요 없는 부분까지 과도하게 지적했습니다. 심지어 말투나 눈빛 등 다른 직원에게는 그냥 넘어가는 사소한 일까지 지적하고 혼을 냈습니다.

고등학교 동창과는 반대로, 다른 동갑내기 친구는 일은 빠르게 처리했지만 뒷정리가 조금 어설픈 친구였습니다. 그런 뒷정리를 동창 친구와 제가 해야 했습니다. 그러나 부사장은 그의 일처리가 빠르다는 이유로 그 동갑내기 친구를 신임했습니다.

요령 있게 일하는 사람과 정직하게 일하는 두 사람. 그들의 대조되는 모습은 제게 많은 생각을 불러일으켰습니다. 사회생활과 조직생활에서 미련해보일 정도로 정직하게 일하는 것도 필요하지만, 때로는 실리를 찾으면서 결과를 보이는 것도 중요하다는 것을 깨달았습니다.

저는 그들과 동갑내기였지만, 그들에게 저를 동생처럼 부려 먹으라고 부탁했습니다. 그들에게 많은 것을 배우고 싶어서였습니다. 실제로 저는 동갑내기들을 마치 군대 고참 모시듯이 존중하면서 행동했습니다. 이 틈 속에서 어떻게 하면 최고가 될 수 있을까 생각하고 또 생각했습니다. 일을 일찍 끝마치면 폼나는 일도 좀 해보고 싶었지만, '그런 건 겉보기에 불과해'라고 치부하고 스스로를 채찍질하면서 오로지 이렇게 다짐했습니다.

"나는 청계천 5가에서 최고의 장사꾼이 될 거야."

업무 파악을 위해 업무 내용을 살펴보던 중 중요한 의문이 생겼습니다. 일하는 직원들이 제품의 가격을 잘 모른다는 사실이었습니다. 물론 털실 품목이 워낙 많고 색상도 많기 때문에 직원들이 제품가를 모르는 상황이 어느 정도 이해가 되기도 했습니다. 하지만 일한 지 일주일도 안 된 저조차 일하다가 궁금해지는 상황이었습니다. 도대체 이 품목은 원가가 얼마일까 궁금할 법도 한데, 이상하게 여기서 일한 지 2년 이상 된 직원들은 제품가에 전혀 관심이 없었습니다. 게다가 주변의 다른 매장에 있는 직원들도 관심을 보이지 않았습니다. 그들은 대부분 제품가보다는 빨리 일을 끝내고 소주 한 잔을 한다거나 다른 유흥거리를 찾을 생각만 하고 있었습니다.

가격에 대해 의문점을 가지고 그들에게 품목별로 가격을 물어보기도 했습니다. 제 질문에 그들은 한결같은 대답을 했습니다. 어차피 계산서를 쓰지 않으면 물건 값을 기억하기는 어렵다는 것입니다. 그리고 우리는 경리직원이 아니기 때문에 물건만 잘 포장하고 실수 없이 택배를 배송할 준비만 하면 된다고 충고하듯이 말하기도 했습니다.

저는 그들의 태도가 이해하기 어려웠습니다. 모두 박봉의 월급과 힘들고 나쁜 작업 환경을 이겨내는 건 나중에 장사를 하겠다는 일념이 존재하기 때문일 텐데 말입니다. 이렇게 힘든 생활을 버티면서도 제품가조차 모르는 건 미래가 아닌 단지 현재만을 위해 살아가는 모습으로 보였고, 저 역시 몇 년 정도 여기서 일하고 나면 그런 모습으로 바뀔지 모른다고 생각했습니다. 이런 생각은 잠시 여기서 일하는 것에 대한 회의감마저 들게 했습니다.

하지만 저는 '난 다를거야'라고 다짐했고, 그것이 당연하다고 생각했습니다. 물건 가격도 남몰래 메모하면서 원가를 짐작해보거나, 털실 성분이나 원료에 대해 관심을 가졌습니다. 저는 늘 '내 사고방식이 독특한 게 아니라 이들의 모습이 잘못 되었다'고 생각했습니다.

다른 직원들은 전혀 관심이 없는 털실 가격에도 관심을 가질 정도로 저는 열심히 일했습니다. 누구보다 열심히 일하는 모습을 3개월 동안 보여주자 부사장도 조금씩 제게 마음을 열기 시작했습니다. 당시에는 IMF 경제위기의 여파로 경기가 굉장히 안 좋았던 시기였지만, 경기와는 정반대로 뜨개질 업종은 대단한 호황을 누렸습니다. 당시 구슬가방이라는 것이 유행했기 때문입니다. 여름에도 눈코 뜰 새 없이 바빴습니다. 아침이나 점심을 시켜 놓고 빨리 먹지 않으면 라면은 엄지손가락 만하게 불었고 국은 졸아서 건더기만 남는 경우가 많았습니다.

그때부터 저는 밥을 빨리 먹는 습관을 들였습니다. 누구에게 잘 보이고 싶어서가 아니라 배당받은 주문서를 빨리 처리하고 다른 직원들의 일을 도와서 일을 마무리하고 싶었기 때문입니다. 이런 마음에 밥을 목으로 밀어 넣고 미친 듯이 일하기 일쑤였습니다. 점심은 주로 중국음식을 시켰는데 전 언제나 볶음밥을 시키면서 그릇을 덮은 랩에 구멍을 뚫어서 배달이 오도록 주문했습니다. 배달하는 시간 동안 볶음밥이 랩에 뚫린 구멍을 통해 식기 때문에 음식이 도착하자마자 후루룩 마시듯이 볶음밥을 먹을 수 있었기 때문입니다. 배달원이 볶음밥을 내려놓는 순간 수저로 밥을 퍼서 먹기 시작했고 다른 직원들이 앉아서 랩을 벗기기 전에 식사를 끝냈습니다. 가끔 짜장면을 먹을 때는 10초안에 뚝딱 해치운 적도 있습니다. 배달원은 언제나 제 그릇을 가져가면서 우리 매장 배달을 마쳤습니다.

다른 직원들은 이런 저에게 아무런 말도 하지 않았습니다. '워낙 독특한 놈 그리고 열심히 일하는 놈'이라는 인식이 퍼져서 그런지는 몰라도, 모두 저를 그런 녀석으로 인정하였습니다. 그러다 보니 볶음밥을 '마시는' 행동을 다들 당연하게 생각했습니다. 나중에는 그런 모습이 부담스럽지 않았나 봅니다. 오히려 제가 볶음밥을 먹는 동안 몇 초나 걸리는지 시간을 재기도 하면서 저와 어울렸으니 말입니다.

저는 이렇게 중국집 음식으로 빠르게 배를 채우고 그 시간에 밀린 주문서를 처리했습니다. 5명의 직원이 하루 종일 쉬지 않고 움직이면서 일을 했고 수요일에는 밤 12시에 문을 닫기도 했습니다.

오전시간에는 도매 손님들의 매장 방문이 많았습니다. 매장에 빼곡히 진열해 놓은 물건들을 모조리 담아 갔기에 매장은 초토화 되었는데 그런 모습을 보면서 왜 미리 주문을 하지 않을까 의아했습니다. 그리고 이런 물건을 미리 준비해서 가져다주는 서비스를 하면 어떨까 생각했습니다.

그때나 지금이나 매상을 예상하고 준비하지 않는 점주들이 있습니다. 특히 기분에 따라 직원이나 사장이 권하는 물건을 무조건 신뢰하는 소매상들은 판매량이 그다지 많지 않았습니다. 정확하게 계획하고 물건을 사들이는 것이 아니라, 마치 백화점이나 할인마트에서 쇼핑을 하듯 물건 사입을 하는 점주들입니다. 이런 점주들은 호황일 때는 눈에 보이지 않지만 약간의 불황이 찾아오면 금방 재고에 치였습니다. 계획 없는 장사로 인해 손님의 요구를 충족할 수 없는 악순환의 고리가 계속된 것입니다. 이런 모습을 간접적으로 접하면서 저도 제 사업을 하면 꼭 이런 부분을 개선해야겠다는 생각을 하게 되었습니다.

매장 정리도중 도매 전화를 받으면 저는 전화를 대기시키고 여직원이나 부사장에게 연결하는 역할만 해야 했습니다. 소매 손님은 경리 여직원이 상대를 했기 때문에 남자직원들은 물건 진열에 신경쓰고 도매 택배 물건만 처리하면 되는 구조였죠. 그러나 저는 소매도 잘하고 싶었습니다. 소매를 알아야 도매와 점주들의 성향도 알수 있을 것이며, 이 신념과 준비가 가장 기본이라고 생각했습니다.

여직원이 소매 손님과 도매 점주들에게 말하는 요령을 보고 배우며, 또한 뜨개질에 대해 공부했습니다. 뜨개질을 알지 못하면 털실에 대한 이해도 짧을 수밖에 없다는 생각을 했기 때문입니다. 기본적인 뜨개질은 알아야겠다고 생각하게 되자, 실제로 직접 뜨개질을 하게 되었습니다.

사장과 부사장에게는 틈나는 대로 예전 시장 생활, 실 성분과 원료에 관한 질문을 했습니다. 이런 질문은 제 스스로의 발전 시간도 되었고 상사에게는 신뢰를 주었습니다. 그리고 사장과 부사장도 제게 설명하면서 조금씩 긴장하고 있다는 걸 느끼게 되었습니다. 전문 분야에 대한 지식과 역사는 본인이 말하고 싶을 때는 여유롭게 상기하면서 설명할 수 있지만, 누군가의 갑작스런 질문을 받으면 당황스럽고 전문용어 부문에서 정확한 단어의 뜻이 헷갈리게 마련입니다. 제 질문과 진취적인 행동이 모두를 유익하게 만드는 걸 이때 알게 되었습니다.

원래 제가 일하기 전까지 남자직원들은 매장 정리 중 도매 전화를 받게 되면 특별한 말을 하지 않았습니다. 여직원이나 부사장에게 연결하는 역할만 했죠. 처음에는 저도 그렇게 처리했습니다. 하지만 시간이 지나면서 허수아비 같은 제 자신이 바보스럽게 느껴졌습니다. 그래서 제가 받은 전화는 제 선에서 처리하려고 노력했습니다. 털실의 특징과 색상 그리고 가격을 알면 간단한 일이었지만 남자직원들은 바쁘다는 이유로 회피했기 때문에, 제 역할과 행동은 더욱 사장의 주목을 받았습니다.

뜨개방 점주들은 남을 가르치는 것이 몸에 밴 분들입니다. 그래서 조금이라도 당신들보다 실에 대한 정보나 지식이 딸리면 무시하며 가르치려는 말투가 본능적으로 나옵니다. 당연한 일이기 때문에 그런 점주들과 상대를 하기 위해 모든 실에 대한 성분과 실 고유번호를 외웠습니다. 저는 우리 매장이 취급하지 않는 다른 도매상의 털실까지 실 색상 고유번호를 모두 외웠습니다. 결코 머리가 좋아서 외울 수 있었던 것이 아닙니다. 우선 한두 개의 털실을 섭렵하고 나니 큰 틀에서 벗어나지 않는 일정한 흐름이 보였기 때문에 가능한 일이었습니다.

예를 들어서 지금도 그렇듯 유럽 실의 경우 검은색은 100인 경우가 많았고 빨간색은 807, 805였으며 백색은 8000번인 경우가 많았습니다. 그리고 국내에서 생산되는 실의 경우에는 생산자가 임의로 번호를 정하는 경우가 많은데, 1~20번까지는 대부분 기본색상을 넣기 때문에 백색, 검은색, 노란색, 초록색, 빨간색이 그 범주 안에 들어가는 경우가 많았습니다.

이렇게 실 성분과 실 고유번호를 연구하고 얼마 지나지 않아서 저는 모든 도매단가를 외우고 다른 도매상의 털실들까지 고유번호를 숙지했습니다. 그렇다 보니 당연히 도매 전화를 받게 되었고 심부름만 하는 일꾼이 아니라 영업 관리와 신규 거래처 확보도 할 수 있게 되었습니다. 후일 부사장이 아프면서 제게 더 큰 기회가 오게 된 계기도 바로 당시 제품가를 저만 제대로 알고 있었기 때문이었습니다.

가정용품의 제작·수리·장식을 직접 하는 DIY Do It Yourself(가정용품의 제작·수리·장식 등을 소비자들이 직접 수행하는 산업) 관련 공방을 하는 사람들은 자신의 손재주가 가장 중요하다고 생각하곤 합니다.

물론 손재주가 중요하지 않은 것은 아닙니다. 하지만 손재주는 사업 성공 여부를 결정하는 한 가지 요소일 뿐입니다.

사업을 할 때 가장 중요한 것은 세 가지입니다. 첫째 사입, 둘째 재고 및 장부관리, 셋째 운영관리입니다.

이중에서 가장 중요한 것이 물건 사입입니다. 사입의 효율성에 따라서 이익에 가장 큰 차이가 납니다.

여기서 일하면서 저는 재고 및 장부관리를 배웠던 것입니다.

입사한 지 3년이 지나가던 시점부터 부사장의 건강이 조금씩 악화되었습니다. 부사장이 자리를 비우는 일이 점차 많아졌고 계산서를 다른 직원들이 작성해야 하는 경우가 잦았습니다. 특히 오전에 오는 손님들에게 정확한 털실 가격을 설명해야 했는데 이런 모든 일을 관장했던 부사장의 부재로 제가 일하던 털실 매장에는 약간의 혼란이 찾아왔습니다.

청계천의 사장들은 대부분 자수성가한 분들이라서 성격이 급하고 매우 빠르게 일처리를 합니다. 그런 그들도 기억의 한계 때문에 직접 계산서를 작성하지 않으면 제품 단가가 헷갈리기 마련이고 특히 소매상으로 출고되는 가격이 제품별로 약간씩 차이가 나기 때문에 기본 가격이 헷갈릴 수밖에 없습니다.

사장은 당연히 저보다 오래 이곳에서 일했던 제 고등학교 동창과 다른 동갑내기 친구에게 질문했습니다. 하지만 그들은 단지 물건 진열과 택배 처리만 해왔기 때문에 당연히 사장의 질문에 제대로 대답을 할 리 없었습니다. 이들이 우물쭈물 망설일 때 제가 자신 있게 물건 값을 말했고 출고 단가가 매장별로 차이가 나는 이유까지 구체적으로 설명했습니다.

결국 성격 급한 사장은 제게 책상에 앉아서 계산서를 작성하게 하였습니다. 처음과는 반대로 고참들이라고 할 수 있었던 동갑내기들이 제 명령을 따라야 하는 입장에 처한 것입니다. 물론 그 뒤에도 그들에게 몇 번의 기회가 있었지만, 전혀 준비되지 않은 그들은 그 기회를 잡지 못했습니다. 결국 그 곳에서 저는 부사장의 역할을 대신하게 되었습니다.

❧ 부당한 대우를 경쟁력으로 극복하라

저는 목표와 삶의 방향이 정해졌기에 무작정 앞만 보고 달려갔습니다. 하지만 청계천에서 일하면서 부당하고 억울한 일을 많이 겪었습니다.

당시 SK커뮤니케이션즈에서 나온 개인 홈페이지 '싸이월드'가 유행했습니다. 저는 싸이월드 미니홈피에 뜨개질 완성품과 뜨개질 과정을 담은 사진을 다수 올렸습니다. 그리고 도안을 올리면서 자료를 모았습니다. 앞으로는 인터넷으로 뭐든지 될 거라는 막연한 생각을 했고 그때를 준비했습니다.

하지만 주변에서 일개 직원임에도 절 경계하는 무리들이 생겨났고 그들이 사장에게 건의를 했습니다. 독립할 때 제게 유리하게 사용될 거라면서 당장 싸이월드에 사진을 올리는 행위를 그만두게 해야 한다는 건의였습니다. 사장이 사실이냐고 제게 물었습니다. 저는 미래를 준비하기 위해서 온라인 웹사이트를 활용해야 한다는 필요성을 강변했지만, 사장은 그 무리의 편을 들었습니다. 저는 어쩔 수 없이 싸이월드에서 뜨개 사진을 올리는 행위를 그만둬야 했습니다.

매장 내에서는 인정을 받았지만 사장과 친인척이 아니었기에 무시당하고 억울한 일을 당하는 경우도 많았습니다. 제가 일하던 가게 바로 옆에서 매장을 운영하던 분도 마찬가지였습니다.

매일 오후 5~6시가 되면 매장끼리 오고 간 물건에 대한 일일 계산을 합니다. 매장마다 돌면서 월 결제를 하기도 하고 현금 계산을 하기도 했는데, 매일 장부를 맞추면서 미리 계산을 확인했습니다. 동네계산은 경리 직원이나 가게 실세 직원들이 하게 됩니다. 그래서인지 전 이 업무가 좋아서 자청하면서 다녔습니다. 계산하고 금액을 확인하는 잠깐의 순간이지만 상대 매장의 정보도 들을 수 있고 우리와 다른 품목의 판매 상황도 대강 알 수 있었기 때문입니다.

바로 옆 매장이었던 그곳은 우리에게 코드사라는 품목을 납품 받아서 장사했던 곳이었습니다. 사장의 조카인 제 고등학교 동창이나 여직원이 그 곳에 방문하면 옆 매장 사장은 부드러운 말투로 음료수도 챙겨주면서 친절하게 대했습니다.

반면 제가 가면 일일이 꼬투리를 잡고 마치 거지에게 동냥하듯이 말을 내리 깔았으며 눈도 마주치지 않았습니다. 그 분은 제가 사장과 특수한 관계가 아니라는 이유로 말도 함부로 하고, 저를 부당하게 대우했습니다. 인사도 제대로 받지 않았고 눈을 마주치지 않았습니다. 그 가게 주인은 현재 가게를 다른 사람에게 인계하고 서울시 광역의회 의원을 거쳐 서울시 산하 유관단체협회에서 일하는 것으로 알고 있습니다.

그때 당시에도 서울시 중구 구의원과 서울시의회 시의원에 출마를 했었는데 선거기간에는 사람 눈빛이 달라졌습니다. 그런 모습을 보면서 나를 무시하는 사람이었지만 제 눈에는 그 사람이 안쓰럽고 하찮게 보였습니다.

그리고 그럴 때마다 속으로 다짐했습니다.

'당신 같은 사람은 나에게는 참 고마운 존재입니다.'
'당신이 있기에 나는 더욱 성공하리라 다짐하며 나 자신을 다독이게 됩니다.'

화가 나서 함부로 말하고 싸울 수도 있었지만 결국에는 제 자신의 이미지만 추락될 것이기에 후일을 기약하며 성공의 요건으로 받아들였습니다. 그리고 수도 없이 저를 무시하는 이들에게 마음속으로 감사하다는 말을 되새겼습니다.

그 분이 저를 부당하게 하대했지만 그 과정에서 제가 배운 점도 있습니다. 저는 그 분을 통해 인사를 제대로 받지 않고 눈을 마주치지 않는 것이 다른 사람들에게 상처가 된다는 사실을 깨달았습니다. 그 이후 저는 모든 사람들과 눈을 마주치면서 대화하는 버릇이 생겼습니다.

눈을 마주하지 않고 무시하듯 대화하는 행동은 참 어리석은 행동입니다. 본인은 의식하지 않고 하는 행동이지만 그것을 받아들이는 상대방은 참을 수 없는 모멸감을 느끼게 됩니다. 아무리 높고 위엄이 있다고 해서 그런 행동을 하는 사람은 절대로 발전할 수 없습니다.

친인척으로 직원이 구성된 매장은 우리 매장 말고도 많았습니다. 당시 청계천 털실 매장은 친인척이거나 부부가 운영하는 구조였습니다. 박봉에 근무여건이 좋지 않았던 이유도 있지만 직원이 노하우를 배운 뒤 사업을 하겠다며 나갈 수 있다는 '호랑이새끼를 키운다'는 의식도 있었고 현찰이 오고가는 거래가 많기 때문에 사람을 믿지 못하는 경우도 많았습니다. 친인척이 득실한 주변 환경에서 전혀 상관없는 나라는 사람이 어떻게 인정받을 수 있을까 고민했습니다.

근면성실이 주 무기였으나, 매장 사장들 대부분이 근면성실이 몸에 밴 사람들이라서 웬만큼 보여줘서는 간에 기별도 가지 않았습니다. 제일 먼저 나를 알리는 방법은 바로 신뢰와 정직이었습니다. 이곳에서 어떻게 하면 사람들에게 신뢰를 줄 수 있을지, 동갑내기 직원들을 떠올리며 어떻게 하면 나의 정직함을 제대로 보여줄 수 있을지 고민했습니다.

믿음과 정직을 중요하게 생각하게 된 배경에는 어머니의 영향도 빼놓을 수 없습니다. 기억도 없던 시절부터 나를 버렸던 친어머니기에 미웠던 것은 사실이지만, 그래도 부정할 수 없는 두 가지 감사한 점이 있습니다.

첫 번째는 저를 낳아주셨다는 사실이고, 두 번째는 믿음에 대한 가치를 일깨워주었다는 점입니다.

친어머니는 항상 진심으로 저를 믿었습니다. 친아버지 집을 오고 가면서 버림받던 시절에도 친어머니는 제가 무엇을 하더라도 당연히 해내리라는 믿음을 주셨습니다.

예를 들어 아침에 학교에 가기 위해 일어나는 일은 어린이들에게는 쉬운 일이 아닙니다. 그럼에도 어머니는 저를 강제로 깨우기보다는, '너는 스스로 일어나서 학교에 갈 수 있어'라며 내 몸은 내가 지킬 수 있다는 사실을 자각할 수 있도록 믿음을 주었습니다.

또한 제가 당연히 해내리라 믿으면서 동시에 격려와 응원의 말씀으로 미안함을 표현하기도 했습니다. 그런 친어머니의 믿음이 있었기에 저 역시 믿음의 중요성을 잘 알게 되었습니다.

그런 생각과 고민은 제 스스로에게 다양한 방법으로 저를 보여주는 계기를 만들어줬습니다. 예를 들어서 화물을 부치고 올 때, 1만원권을 가지고 가면 잔돈이 조금 남습니다. 워낙 바쁘던 시절이라 남은 몇 천 원 수준의 잔돈은 주머니에 넣어 놓아도 지출 내역을 쓰고 돈을 다시 입금하는 것을 잊기 쉽습니다. 사장도 다른 직원들도 신경 쓸 겨를도 없이 밀린 일들을 처리해야 했습니다. 입금이나 지출 내역을 쓰지 않고 지나쳐서 며칠 뒤에 주머니에서 돈이 나오면 그 돈은 아무도 모르는 돈이 됩니다. 그런 돈이 삼사일만 모이면 꽤 되었습니다.

그래서 전 일과가 끝나면 살림을 맡았던 부사장이 있을 때 지출 내역서를 기재했고 남은 돈을 정확하게 확인시키면서 일괄 반납했습니다. 이런 행동은 오너에게 신뢰와 믿음을 주는 최고로 좋고 쉬운 방법이 되었습니다. 이런 행동이 바탕이 되어 자신의 조카에게도 내주지 않았던 금고 열쇠를 받을 수 있었습니다.

2015년 5월에도 털실업계에는 출고 공장장과 도매상들이 조직적으로 물건을 빼돌려 도둑행위를 4~5년간 해오다 적발된 일이 있었습니다. 제가 근무하던 시절에도 자신의 매장 물건을 빼돌려 용돈벌이를 하는 직원들이 있었습니다. 그리고 그 물건을 사입해서 부당이득을 취하는 무리들이 있었습니다.

그렇다면 과연 그들은 부자가 되었을까요? 그렇지 않습니다. 그행위로 푼돈 몇 푼은 만질 수 있었겠지만 평생 도둑 딱지는 뗄 수 없습니다. 일하면서 생기는 푼돈도 마찬가지입니다. 삼사일 동안 눈치껏 잘 모으면 담뱃값은 충분히 벌 수 있었지만 그건 분명히 도둑질입니다. 요즘 고속도로에서 흔히 볼 수 있는 플래카드에 이런 글귀가 있습니다.

'겨우 졸음에 목숨을 걸겠습니까?'
'겨우 푼돈에 인생과 양심을 걸겠습니까?'

가끔 집안에 어른이나 아버지가 이런 경험을 통해 제게 따뜻한 이야기를 해줬으면 어땠을까 상상해봅니다. 그랬다면 조금 더 빠르게 제대로 방향을 잡고 갈 수 있지 않았을까요. 그리고 시행착오를 겪으면서 포기하거나 아파하는 일이 줄어들었을 것 같다는 철없는 상상도 해봅니다. 이런 마음 때문에 부끄럽지만 책을 쓸 생각을 했고 제 경험을 나누려는 용기를 내었습니다.

청계천은 장사들의 고수가 모인 곳입니다. 그런 만큼 사연도 많고 장사에 대한 욕심이 대단합니다. 청계천에는 '남편이 바람피운 건 참아도 거래처 빼앗기는 건 참을 수 없다'라는 말이 있습니다. 그만큼 장사에 대한 욕심과 시기 질투가 많은 곳이 청계천입니다.

다른 매장의 사장들과 직원들과 좋은 관계를 유지했던 시간 덕분에 제 사업을 처음 하던 시기에 거래처와의 분쟁으로 문제가 발생하여도 그리 오래 지나지 않아 서로 마음이 풀리기도 했습니다.

✔ 초심을 잃으면 모든 것을 잃는다

어느 일이든 마찬가지겠지만, 초심을 잃으면 모든 것을 잃고 맙니다. 청계천에서 일한 지 5년이 지나가던 때였습니다. 앞서 말했지만 부사장의 건강 악화로 그 자리를 대신해 일한 지 2년 정도 된 시점이었습니다.

저는 아침 7시 30분이었던 출근시간을 조금 당겨서 항상 먼저 가게에 와서 기다리고 있었습니다. 그것이 계기가 되어서 사장에게 매장열쇠를 받을 수 있었습니다.

언젠가 제가 새벽 5시에 출근을 했던 날이었습니다. 매장에 도착해보니 대부분의 점포가 아직 불이 꺼져 있더군요. 매일 새벽 불 꺼진 청계천 5가의 무수한 점포들을 보면서 저는 이렇게 다짐했습니다.

"반드시 이곳에서 제일 많이 파는 장사꾼이 될 거야."

새벽에 일찍 출근하는 저만의 규칙을 저는 그곳에서 일하는 동안 한 차례도 어긴 적이 없습니다. 2002년 월드컵 열기가 뜨거웠던 날에도 마찬가지였습니다. 저는 항상 다음날 일을 위해 일찍 일어나서 출근했습니다. 월드컵 기간 내내 모두들 열기에 휩쓸려 지각하거나 결근하는 직원들도 있었지만 전 항상 적당히 시간 조절을 했고 정시에 매장에 출근했습니다.

축구 경기는 혼자서 보는 것보다 여러 명이 즐기는 것이 더 재미있습니다. 특히 국가 대항전이나 월드컵은 더욱 그렇습니다. 저는 이날 경기를 신촌에 위치한 친구 집에서 커플끼리 보게 되었습니다. 2002년 한일월드컵 16강전 이탈리아전에서 우리나라가 1대 0으로 지고 있는 상황에서 안정환 선수가 페널티킥을 실축했습니다. 저는 맥이 빠져 친구 집에서 나와 버스정류장으로 이동했습니다. 페널티

킥 실축도 집에 갈 이유였긴 하지만, 무엇보다 내일 출근할 일이 걱정되었기 때문입니다.

버스를 기다리던 사람들도 온통 축구에 관심이 쏠려있었습니다. 그때 안정환 선수가 기적처럼 골을 넣었습니다. 신촌오거리는 몰려드는 인파로 순식간에 아수라장이 되었습니다. 구름처럼 몰려드는 인파를 보면서 신기했지만 한편으론 걱정스러웠습니다.

버스들과 차들은 흥분하는 인파를 피해 우회도로로 차를 돌리기 시작했고 택시조차 잡을 수 없는 상황이었습니다. 저는 중앙선으로 달려가서 떠나려는 버스를 잡아 일단 지금의 아내를 버스에 태워서 집으로 보냈습니다. 사태가 심각해지자 빠른 걸음으로 연희동까지 갔습니다. 간신히 지나가는 차를 얻어 타고 집에 도착했고 다음날도 스스로 정한 출근시간 새벽 5시를 지킬 수 있었습니다. 나중에 아내에게 들었지만, 아내가 결혼상대로 저를 선택했던 이유 중 하나가 이날 제가 보여준 모습이었습니다. 이렇게 의지가 강한 사람이라면 제게 자신을 맡겨도 괜찮겠다는 생각을 했다고 합니다.

옆집 매장 사장의 차별적인 대우는 저에게 다시 한 번 생각할 수 있는 기회를 주었습니다. 제게 아픔을 주었던 바로 옆 매장 사장을 보면서, 저 사람의 생각이 그렇다면 다른 사장들도 비슷한 생각을 할 것이라고 생각했습니다. 만약 그렇다면 정말 제대로 하지 않으면 이 동네에서 살아남을 수 없겠다고 생각했습니다.

일단 같이 영업을 나가면 사장이 싫어하는 행동을 하지 말자는 다짐을 했습니다.

사장은 기관지가 좋지 않아서 담배를 피우지 않았습니다. 그래서 사장과 영업을 나갈 때면 출근 전부터 담배를 피우지 않았습니다. 철저하게 담배를 피우지 않으려고 노력했고 어쩌다가 혼자 있을 때도 차에서 담배를 태우지 않았습니다. 운전도 사장 기분을 봐가면서 빠르게 달리는 것을 원하는 것 같으면 빠르게 달리고, 천천히 가는 것을 원한다고 생각할 때는 천천히 운전하였습니다. 사장은 처음에는 단순한 운전기사의 역할만을 기대했지만, 시간이 조금 지나자 영업매장에 저를 데리고 들어갔습니다.

사장의 말투, 억양 그리고 대화 방식에 대한 연구도 했습니다. 그리고 연구한 것을 기준으로 나름 데이터를 수집하듯 메모했고 그걸 바탕으로 다시 사장에게 질문했습니다. 그런 관심과 노력의 시간은 마침내 보상으로 다가왔습니다. 얼마의 시간이 지나자 사장과 영업을 나갔음에도 불구하고 저 혼자 매장에 들어가서 물건 전달과 수금을 하게 되었습니다.

이런 행동으로 믿음을 얻은 저는 집으로 차를 가지고 퇴근할 수 있었습니다. 급기야 사장과 동행하지 않고 홀로 영업을 나가는 일이 많아졌고 결국에는 저 혼자 거래처 관리를 했습니다. 사장의 영업활동이 제게 모두 넘어 왔고 저는 영업을 하면서 점주들의 얘기에 귀를 기울였습니다. 사장에게 많은 걸 건의하고 요구했습니다.

오히려 사장이 부담스러워 할 정도로 앞으로의 방향과 지금 해야 할 일에 대해 건의했습니다. 신혼여행까지 일부 반납하면서 일하기도 했습니다. 그런 제 노력이 인정받으면서 더욱 사장의 신뢰를 받게 되었습니다.

결국 제가 그 곳에서 일한 지 수년이 지난 후, 동창이었던 친구는 독립을 했으며, 동갑내기 친구는 동대문 다른 매장으로 근무지를 바꾸었습니다. 저만 홀로 매장의 실질적인 부사장 역할을 하였습니다. 늘 초심을 잃지 않으려 노력한 결과였습니다.

성실과 노력의 대가는
의외로 빨리 찾아온다

2007년 3월 1일. 저는 꿈에 그리던 독립을 했습니다. 이대로 가슴이 터져버릴 것처럼 정말 행복했습니다.

독립하기 전 대기업 부장급 연봉을 주겠다는 사장의 회유가 있었지만 저는 사업의 꿈을 접을 수 없었습니다. 단순한 직원이 아니라 사장으로서의 역할을 제의했지만 새로운 도전을 꿈꾸던 저를 잡을 수는 없었습니다.

제 매장으로 첫 출근을 하던 날. 10여년 가까이 걸었던 종로 5가 2번 출구 우리은행 앞이었고, 언제나처럼 똑같은 새벽 공기였지만 제겐 그날의 공기가 너무 다르게 느껴졌습니다. 바로 어제였던 2007년 2월 28일까지 생각했던 장사의 방향과 목표가 다른 의미로 다가왔습니다. 그리고 사람들을 바라보는 시각도 달라졌습니다.

주인처럼 일했다고 자부했고, 주변에서도 칭찬을 아끼지 않았습니다. 아직까지 직원 중에서 살아있는 청계천의 전설이라는 소리를 듣고 있지만, 그때 그 순간의 느낌은 지금도 생생합니다.

처음에는 직원 1명과 뜨개질 선생님 1명을 구해서 함께 일을 시작했습니다. 자유롭게 영업을 다니기 위해 사촌동생을 매장 책임자로 두었고 뜨개질의 한계를 풀기 위해 어려운 초기였지만 뜨개 선생님을 모셔왔습니다. 결혼 초기라서 전세금으로 그동안 모았던 돈을 모두 쏟아 부었습니다. 당시 제 수중에 있는 현금이라곤 1000만 원이 전부였습니다. 여기에 주변 친구들의 도움으로 2000만 원으로 사업을 시작했습니다. 청계 5가 지하상가에 조그마한 매장을 얻었는데 그 보증금은 제가 일하던 털실 매장 사장이 지원해주었고 초도 물건도 제공해주었습니다. 당시 도움은커녕 오히려 방해할 수 있는 입장이었는데도, 지금까지 응원을 주시는 든든한 후원자 역할을 해주고 계십니다.

❤ 첫 손님: 가장 감사했던 순간

매장에서는 먼저 진열대 공사부터 시작했고 그 뒤 진열대에 물건을 채웠습니다. 새벽 4시부터 나와서 분주히 움직였으나 작은 매장에 물건을 채우는 일은 그리 만만치 않았습니다.

매장 진열을 하면서 첫 개시를 하였던 품목이 아크릴 수세미 초록색 타래였습니다. 처음으로 매출이 이뤄진 그 순간의 감동이 아직도 생생합니다. 10시 40분 첫 손님이 방문했습니다. 당시 수세미실 열풍이 시작되었지만, 수세미 타래만 존재하던 시절입니다. 손님은 초록색 수세미 타래를 사려고 했습니다. 저는 잠깐 기다리시라고 하고 달리기 시작했습니다. 매장에 제품이 없어서 창고로 뛰어가 가져와야 했기 때문입니다. 빛의 속도로 창고로 뛰어가면서 심장이 터져 버릴 것 같았습니다. 손님에게 물건을 판매하고 돈을 받는 순간이 아직도 생생하게 기억납니다. 저는 당시 그 마음을 결코 잊지 말아야겠다고 다짐했습니다.

'연애사(니트러브)'의 신화는 다음날부터 시작되었습니다. 2007년 3월 1일은 목요일이었기 때문에 매장 정리를 마치고 금요일에 바로 제주도로 영업을 나가려고 비행기 티켓을 예약해 놓았습니다. 금요일 비행기 시간이 남아서 매장정리를 하고 있는데 낯익은 목소리가 들렸습니다. 직원생활을 할 때 거래처 손님으로 있었던 여성분의 목소리였습니다.

"삼촌, 여기서 뭐해?"

"아, 예. 저 어제부터 독립해서 제 사업 시작했어요."

"그래? 어머, 잘 됐네. 지금 친정언니가 뜨개방 오픈한다고 도매상 알아보려고 서울 온 거야."

헉. 저는 침을 꼴깍 삼켰습니다. 독립한 지 하루만에 벌어진 일이었습니다. 엄청난 행운이라고 생각되는 한편, 그동안 쌓아왔던 성실과 노력의 대가라는 생각도 스쳐지나갔습니다.

업계 사람들은 눈이 휘둥그레 해졌습니다. 가게 문을 연 지 하루만에 거대한 마대로 9개의 물건을 보내고 바쁘게 움직이는 모습을 보았기 때문입니다. 이들 중 일부 사람들은 경계하고 의심하면서 삼삼오오 모여서 저를 비방했습니다. 사실이 아닌 없는 말을 만들어 저를 모략한 사람들도 있었습니다.

그러나 전 그런 말들을 오히려 고맙게 생각했습니다. 그들이 모여서 제 험담을 하거나 질투하는 것은 저를 두려워하고 있음을 반증하는 행동이라고 생각했습니다. 그리고 저를 질투하는 행위의 이면에는 '(재 사업이) 잘 안 돼야 하는데, 이상하게 잘 될 거 같단 말이야'라는 불안감이 은연중에 있는 것이라고 생각했습니다. 오히려 그 사람들의 행동들이 제게는 긍정적인 시너지로 작용하였습니다.

❥ 의외로 통하는 역발상 접근법

저는 통상 사람들이 롤모델로 삼는 빌 게이츠 마이크로소프트 기술고문이나, 스티브 잡스 애플 창업자는 아예 쳐다보지도 않았습니다. 사람의 능력과 재능에는 한계가 있는데 너무 높은 대상을 바라

보면 느껴지는 좌절감도 상대적으로 더 커지기 때문입니다. 저는 제 한계를 잘 알고 있었습니다.

롤모델은 실현가능성이 있어야 합니다. 머릿속의 지식과 지혜가 다르고 생활 방식과 체력이 다른데 무조건 원하고 노력한다고 그 대상처럼 될 수는 없습니다. 실현가능성 있는 대상을 목표로 삼고 자기가 하고 싶은 일보다 잘할 수 있는 일을 찾는 것이 먼저입니다. 그러기 위해서는 우선 평범한 일상에서 찾을 수 있는 성공의 모습을 그리고, 그에 적합한 롤모델을 선정해야 합니다.

저는 롤모델을 제가 일했던 털실가게의 사장으로 정했습니다. 독립하기 전 사장의 모습을 보면서 꿈을 키웠습니다. 그를 따라 하기 전 과연 내가 따라갈 수 있는 대상인지 먼저 생각했습니다. 그의 열정과 지혜를 통해 제 성실과 끈기를 점검했습니다.

'나는 과연 어디까지 그를 따라갈 수 있을까?' 이 롤모델을 제게 적합한 모습으로 바꾼 미래를 설계했습니다. 이어 이 설계도를 현실에 적용했습니다. 구체적으로 뜨개질 업계의 관행과 달리 제주도에서부터 거래처를 확보하는 방식으로 변경해보았습니다. 이 과정에서 제 한계도 파악했습니다. 영업을 하였기에 더 빠르게 이를 파악하고 실무에 적용해볼 수 있었습니다.

당시 뜨개실업계는 독립하면 무조건 서울·인천·경기 지역부터 영업을 시작했습니다. 전 다른 방향으로 접근하고 싶었습니다. 우선 제주도를 첫 영업 목표로 잡았습니다. 그리고 경상도와 전라도를 공략했습니다. 제주도와 경상도 그리고 전라도부터 영업을 시작했던 이유는 서울·경기 지역은 언제든지 시작할 수 있었고 남들이 가지 않았던 지역을 공략해야 하는 것이 먼저라고 생각했기 때문입니다.

지금도 제주도 영업은 쉽지 않습니다. 육지와는 전혀 다른 문화와 성향 때문입니다. 그리고 저가 항공 때문에 경비가 줄었다고 하지만 당시 제주도를 영업 대상으로 하기에는 비용 측면에서 불리한 점이 많았습니다.

제주도 영업을 성공하면서 다른 도매상과의 갈등이 시작되었지만 직원생활 동안 성실히 했던 기억들 때문에 그리 오래가지 않았습니다. 영업하면서 느꼈던 좌절과 실패에 연연하지 않았고 오히려 당연하다고 위안했습니다. 직원생활 동안 몸에 뱄던 끊임없는 연구와 고민을 통해 이겨냈습니다.

영업 초기 뜨개방 문을 열고 발을 디디려는 순간 "안 돼!"라고 고함을 지르며 다짜고짜 소리를 지르는 분도 있었고, 커피와 식사 대접까지 하면서 호의적으로 대해주는 분들도 있었습니다. 영업을 다니면서 어려운 일을 겪을 때마다 직원들에게 무용담처럼 얼마나 의연하게 대처했는지 말하는 식으로 영업 교육을 시켰으며 제 스스로를 다지는 기회로 삼았습니다.

그리고 영업을 하면서 처음 방문하는 곳의 점주들에게 저만의 독특한 접근 방식을 세웠습니다. 그것은 바로 전문가임을 보여주는 것이었습니다. 상대 점주가 저를 전문가라고 인정해야 마음의 문을 열기 때문에 전문가의 관점을 내세우는 행위는 무척 중요했습니다.

처음 방문하는 곳에 들어서면 진열되어 있는 물건과 다양한 샘플을 보면서 어느 도매상과 거래를 하는지 맞춰냈습니다. 신기하게 맞추자 점주들은 어이가 없는 듯 웃었고 저를 받아들이는 계기가 되었습니다. 더운 여름에는 실을 충분히 시원하게 보일 수 있도록 조건을 만들어서 설명했고, 털실에 대한 철저한 분석과 전문적인 지식을 통해서 신뢰를 얻었습니다. 저렴한 물건이 생기면 거래처가 좋아할 표정이 떠올랐습니다. 직원들에게는 이 설레는 마음이 사라지면 안 된다고 다짐하는 모습을 보여주면서 스스로를 다독이고 직원들을 격려할 수 있었습니다.

영업의 제일 방식은 신뢰며, 서로 습관이 되어야 한다는 원칙을 세웠습니다. 일주일 단위로 지정하여 거래처 방문을 다녔고 정확한 시간에 맞춰서 방문과 주문 전화를 넣었습니다. 화려한 언변으로 말만 그럴듯한 영업이 아니라 신뢰할 수 있는 영업을 내세웠습니다.

저는 직원들에게 장사의 기준과 원칙에 대해 항상 똑같은 말을 반복합니다.

"첫째도 신뢰, 둘째도 신뢰 그리고 셋째도 신뢰다."

흔히들 장사를 잘하는 사람을 언변과 넉살이 좋은 사람이라고 생각합니다. 그러나 본인들이 물건을 구매하는 상황을 떠올리면 정답은 쉽게 나옵니다. 언변이 좋으면 사기꾼, 넉살이 좋으면 부담스럽다고 생각할 것이기 때문입니다.

물건을 구입하는 가장 첫 번째 조건은 바로 '믿음'입니다. 사람을 현혹하는 말솜씨보다 판매하려는 제품에 대한 정확한 이해와 바른 설명이 있어야 합니다. 그래야 신뢰를 줄 수 있습니다.

그 신뢰관계를 습관으로 엮어야 합니다. 도매를 하는 사람은 특히 서로간의 습관이 중요합니다. 저는 그래서 항상 같은 시간과 같은 요일에 거래처와의 통화를 합니다. 흔히 남자가 여자에게 구애할 때 가장 좋은 방법이 싫든 좋든 간에 습관을 들이는 것이라고들 합니다. 매일 같은 시간에 만나거나 연락을 하다가 갑자기 연락하지 않아서 상대로 하여금 허전하고 궁금하게 만드는 방법이죠.

신뢰관계도 비슷하게 습관으로 엮어야 합니다. 품목별로 회전수가 적은 것도 있으나 분명히 단골이 존재합니다. 단골이란 같은 종류의 물건을 나에게 재구매하는 사람을 말합니다. 이것이 곧 습관입니다. 10년에 단 한 번이라도 잊지 않고 재구매를 한다면 그것이 단골이고 습관이 됩니다. 재구매보다 더욱 소중한 건 단골의 추천과 주변에 연결해주는 소개입니다. 이 추천과 소개의 바탕에는 습관이 자리하고 있습니다.

한편, 단점을 장점으로 승화할 수 있는 방안도 제시했습니다. 예를 들어 팔이 불편한 직원에게는 그것을 경쟁무기로 삼도록 주문했습니다. 불편한 팔을 내세워서 동냥으로 거래처를 자극하라는 것이 아니라 성실의 모습이 배가될 수 있도록 특화하는 방법으로 영업활동을 주문했습니다.

또한 저처럼 생각하고 행동하도록 강요했고 책을 읽도록 했습니다. 이런 원칙 때문인지 전화 받는 요령과 말투가 저와 비슷한 직원이 많습니다. 3개월이 지나서야 제가 아니라 직원이라는 걸 알게 된 점주도 있을 정도로 저를 닮아가는 직원들을 보면서 보람을 느꼈습니다. 직원들과 아르바이트생들에게 책을 선물하면서 토론하는 걸 즐겼습니다. 저와 관계 맺는 모든 사람들이 발전했으면 하는 소망을 가졌습니다. 지금까지 스쳐 지나간 직원들과 알바생만 하더라도 200여명이 넘습니다. 아르바이트생에게도 모두 책을 선물하고 나이와 목표에 맞는 꿈과 과정을 그리도록 독려했습니다.

같이 일했던 사촌동생이 어느 날 제게 이런 말을 한 적이 있습니다.

"모두 형같이 살지는 않아."

저는 그 말이 너무 안타까웠습니다. 억울한 인생을 살아왔기에 누구보다도 억울함을 알고 나와 같은 일을 나를 스쳐가는 사람들은 겪지 않았으면 하는 바람에 한 말이었는데, 사람들은 그 말을 받아들이고 싶어 하지 않는다는 사실을 알아서입니다. 받아들일 마음이 없는 사람은 아무리 좋은 말과 올바른 이야기를 해줘도 무의미하다는 게 슬펐습니다.

제주도부터 만들어진 저의 성공신화는 거래처 공략을 위해 가는 지방마다 큰 혼란과 심한 갈등을 일으켰습니다. 지방 도매상 입장에서 보면 그동안 특별한 경쟁 상대 없이 안정적으로 판매를 해오던 관행이 갑자기 깨졌기 때문입니다. 저의 출현으로 지방 거래의 혼란은 극대화 되었습니다. 제게 물건 공급을 막기 위해 다방면으로 압력이 들어오기 시작했고 제가 가보지 않은 지방에서도 저의 목격담이 나왔습니다. 구체적으로 제가 몇 날 몇 시에 나타나서 단가를 할인하고 다녀서 장사 못하겠다는 유언비어가 퍼졌습니다.

가슴속은 성취감으로 언제나 뜨거웠지만, 동대문과 청계천은 저를 시기하는 도매상들의 다양한 유언비어로 가득했습니다. 다양한 방법으로 압력이 들어오기도 했지만 시장의 분위기는 생산자들에게 오히려 저를 잡고 싶은 도매상이라는 인식을 주었고 반드시 거래하고 싶은 도매상으로 만들어주었습니다. 전국의 도매상들이 저를 험담하고 시기와 질투를 할수록 이는 결국 제가 장사를 잘하고 있다는 반증일 뿐이었습니다.

❤ 불가능을 가능케 해야 성공한다

독립 후 처음 3달간은 어느 곳에서 장사를 할지 루트를 명확히 정하지 않았습니다. 무조건 멀리 영업을 나갔습니다.

먼저 독립한 고등학교 동창은 제게 "원가 계산을 해야지! 그렇게 다니면서 남는 게 있나?"고 조언했지만, 제 생각은 달랐습니다. 처음부터 원가를 계산하고 덤벼들면 분명 도전할 수 있는 일이 전혀 없다고 생각했습니다. 사업이라는 건 분명히 물적·양적인 투자가 필요하다고 생각했기 때문입니다.

처음에는 찜질방에서 자기도 하고 찜질방비도 아까워서 차에서 자면서 겨울에 얼어 죽을 뻔 했던 적도 있었습니다. 그리고 중간 경유지로 직원들이 보내준 물건을 직접 수령해 배달하기도 하는 등 수많은 시행착오를 거쳤습니다. 그 결과 저는 나름 저만의 영업망 지도를 그릴 수 있었고, 6개월 후엔 나름 대략의 전국 영업망 지도가 완성되었습니다.

그렇게 그려진 영업망 지도는 지금 제가 생각해도 터무니없이 광범위하여 다니기 힘들었습니다. 대략 한 달에 무려 2만㎞를 운행할 수밖에 없는 거리의 지도였기 때문이죠. 보통 사람들의 자동차 1년 운행기록이 평균 1만㎞입니다. 저는 한 달에 2만㎞를 운행하면서 영업활동을 했습니다.

그 지도에 따르면, 한 달을 기준으로 매월 첫째 월요일에는 부산-울산-대구-경산-상주 지역을 돌아야 했습니다. 매월 둘째 월요일에는 강릉-원주 지역을 돌아야 합니다. 매월 셋째 월요일에는 광주-전주-군산 지역을 돌았고, 매월 넷째 월요일에는 제주도 지역을 돌면서 영업해야 했습니다.

매주 화요일에는 대전과 청주 그리고 이천 쪽으로 이동했다가, 매주 수요일에는 인천과 경기도 일대를, 매주 목요일에는 천안과 오산 수원 일대를, 그리고 매주 금요일과 토·일요일에는 그동안 가지 못했던 곳을 방문하는 계획이 세워졌습니다.

저는 이 불가능해 보이는 일을 실제로 해냈습니다. 실제로 제 차량의 주행기록기에는 한 달에 2만㎞ 이상이 찍히는 경우가 많았습니다. 그래서 차는 1년에 한 번 교체해야 했고 영업사원의 권유로 중고차를 수출차로 처분할 때는 3개월 만에 신차로 교환한 적도 있었습니다.

부산이나 광주를 가는 날에는 새벽 3시에 출발해서 영업을 했고, 중간 중간 쪽잠을 자면서도 의식적으로 행복하다는 최면을 걸었습니다. 장거리 운전을 할 때는 성공스토리나 강연을 들으면서 깨달음의 시간을 가지려 노력했고, 발라드 음악이나 분위기 좋은 음악은 멀리 하면서 내게 감정의 여운을 주지 않았습니다.

남는 시간에는 주로 쇼핑몰 업무에 시간을 쏟았습니다. 처음부터 쇼핑몰에 집중하지는 않았지만 일요일이면 접사렌즈를 통해 실을 촬영했습니다. 마치 눈앞에서 실을 직접 보듯, 고객이 편리하게 실을 고를 수 있도록 하기 위해서였습니다. 여기에 실에 대한 정보를 덧붙였습니다. 세세한 작업이니만큼 시간이 꽤 소요되었습니다. 이런 일을 모두 하려다 보니 통상 새벽 4시에 기상해서 저녁 11시까지 일을 하는 경우가 비일비재 했습니다.

❧ 행복해지려면 먼저 나 자신을 알아야 한다

이렇게 열심히 일하면서 성취감을 얻었지만, 언제나 불안했습니다. 행복하지 않았고 오히려 불안감 때문에 잠을 이룰 수 없었습니다. 장거리 운전을 위해서는 평소 4시 30분이었던 기상시간을 3시로 당겨야 했고 그것도 시간이 모자라서 기상시간을 조절했습니다. 아내는 언제나 불평 한마디 없이 저를 내조했습니다.

당시 일요일까지 쉬지 않고 영업을 다닐 수 있었던 건 바로 현명한 아내의 희생이 있었기 때문입니다.

일요일도 나가서 영업을 했는데, 어느 날부터 둘째 녀석이 제게 오려 하지 않았습니다. 아빠 얼굴을 본 적이 없기 때문입니다. 밤 11시나 12시가 되어야 집에 들어갔고 새벽 5시 전에 집을 나왔기 때문에 저는 아이들 자는 모습이라도 봤지만 아이들은 제 얼굴을 아예 볼 수 없었습니다.

고민하는 제 얼굴을 보면서 아내가 조용히 말했습니다.

"일요일만이라도 쉬는 게 어때요?"

전 그 말에 따랐습니다.

아내의 현명한 조언을 따라서 다행이라고 생각했던 일이 하나
더 있습니다. 아내는 어느 날 아이들의 교육 방식을 '푸름이닷컴'
이 주장하는 방법으로 하자고 제안했습니다. 푸름이닷컴을 잘 모르
는 사람들은 푸름이닷컴 교육을 날 새서 책만 읽히는 교육 방식이
라고 말합니다. 하지만 푸름이닷컴의 가장 중요한 교육 원칙은 첫
째 부부 간의 교육 합의이고, 둘째 아이들에게 자연을 보여주는 것
이며, 셋째 그런 합의 속에서 자녀에게 보여준 자연을 책으로 연결
짓는 것입니다.

아내는 제 유년시절 얘기를 전혀 물어보지 않았습니다. 나중에
얘기를 들어보니 무척 궁금하긴 했지만, 대답하는 과정에서 과거의
아픔이 떠오를까 걱정되서 자세히 유년시절을 물어보지 않았다고
합니다. 그리고 제가 화가 나면 제 잘못이 분명하고 확실해도 묵묵
히 제 화를 받아주었고 아무런 말도 하지 않았습니다. 제가 진정하
면 그제야 자신의 생각을 차분하게 말해서 오히려 제가 몸 둘 바를
모르게 했습니다.

그런 아내였기에 아내가 추천하는 푸름이닷컴의 교육법을 따르
게 되었습니다. 반지도 없이 결혼을 했을 정도로 검소한 결혼식을
올렸기에 저희 집 TV는 구형 브라운관 TV였습니다. 그마저도 아이

들 교육을 위해서는 없애야 한다는 아내의 말에 저는 그 자리에서 TV를 처분해 버렸습니다.

그리고 적극적으로 푸름이닷컴 교육에 참여했습니다. 닥치는 대로 육아 서적을 읽었고 좋은 책을 아내에게 선물했습니다. 수백 권의 육아서가 쌓였고 아내는 거의 전문가가 되었습니다.

교육의 열정은 아이들을 더욱 더 사랑할 수 있도록 만들었으며, 저는 푸름이닷컴 아빠방 모임이라는 것도 참여하게 되었습니다. 아빠방 모임은 고(故) 노무현 대통령이 서거한 그날 괴산에서 진행된 걸로 기억합니다. 푸름이닷컴의 푸름아빠 최희수 대표는 100여명이 넘는 아빠들의 눈빛을 일일이 마주하면서 진정성 있게 대화를 했고 '내적 불행'이라는 걸 말했습니다.

저는 제가 언제나 불안해하며 행복하지 않았던 이유를 그때 처음 알았습니다. 일에 있어서는 성취감이 높았고 토끼 같은 아이들과 아내를 보면 행복한 미소가 마음속에 그려지면서도 이 행복이 깨질 것 같아 늘 불안했던 겁니다.

'이건 내 게 아니야!'
'이거 너무 불안해.'
'오늘 안 내려 가면 거래처를 빼앗기고 말거야.'

이런 생각들이 제 머릿속을 지배하고 있었습니다. 행복함을 행복하다고 생각지 못하고 무조건 그 행복을 지켜야 한다는 불안감 때문에 몇 배의 노력을 하는 제 자신을 그날 비로소 깨달을 수 있었습니다. 행복을 느끼는 순간 불행이 올지도 모른다는 불안감은 웃지 않는 무표정의 얼굴을 만들었고, 제가 앞만 보고 달려가는 일 중독자가 되게 만들었습니다.

푸름이닷컴 모임 이후 집으로 향하면서, 저는 초등학교 때부터 버려진 제 어린 시절이 떠올랐습니다. 부모에게 버림 받으면서 생긴 내적 불행이 얼마나 내 삶을 짓누르고 있는가를 알게 되었습니다. 아파도 아프다고 말하지 못하고 두려워도 두렵다고 감히 생각하지 못하고 행복한 걸 거부하면서 살아온 제 자신을 안아주고 싶다는 생각을 처음 해보았습니다.

그리고 내적 불행의 치유에 대해 관심을 갖게 되었습니다.

저는 그동안 보고 있어도 또 보고 싶은 자식들을 보면서 나를 버린 부모님이 더욱 원망스러웠습니다.

아내가 첫째 아이를 임신했다는 것을 처음 알게 되었던 날, 뜨거운 눈물이 흘러내렸지만 두려웠습니다. 제가 과연 어떤 부모가 될까 걱정됐습니다. 아들은 아빠를 닮아간다는 말 때문에 불안하기만 했습니다.

그러나 저는 그것을 극복했고 사랑하는 아내와 아이들 덕에 행복한 가정을 꾸렸습니다. 그렇다면 이제 그 행복을 즐기면 되는데 저는 그것이 너무나도 어려웠습니다. 행복할수록 일에 대한 성취감이 높아질수록 불안감을 떨치기 위해 더욱 냉정해지자고 다짐하게 되었습니다.

내적 불행에 대해 알게 되면서 제가 왜 친아버지의 삶과 존재를 거부하면서 다른 삶을 살 수 있었는지 알게 되었습니다. 친아버지를 좋아했던 마음이 없었기 때문에 냉정하게 제 삶을 살 수 있었던 것입니다. 대상을 거부해도 마음속에 좋아하는 마음과 받아들이는 마음이 있다면 그 모습을 닮아가지만, 제 마음속에는 그러한 것이 없었기 때문에 냉정하게 제 삶을 온전히 지켜낼 수 있었습니다.

부모에게 버림받고, 그 기억 때문에 행복을 행복이라고 생각하지도 못하는 바보 같은 제 자신이 너무 가여웠습니다. 괴산에서 서울로 올라오는 차 안에서 흐르는 눈물을 참을 수 없었습니다. 아내와 아이들 앞에서 서럽게 통곡을 하면서 한참을 울었습니다.

그날 이후 내적 불행으로부터 벗어나기 위해 엄청난 노력을 했습니다. 물론 쉽지 않았습니다. 모든 것이 그렇듯이 이론과 실제 생활은 달랐습니다.

하지만 제 인생이 일반적인 성공한 사람들과 다른 실패나 억울함의 연속이었듯, 저는 좌절하지 않고 끊임없이 노력하고 있으며 그 노력은 오늘처럼 내일도 계속될 것입니다.

이후 아내는 제 내적 불행 치료를 위해 부단히 노력했습니다. 제 앞에서 본인을 더 낮추고 희생했으며 조용히 내조했습니다.

내조의 일환으로 아내는 캠핑을 시작했습니다. 일요일은 쉬기로 했기 때문에 토요일 일과를 마치고 캠핑장으로 와서 '불멍때리기'만 하라고 했습니다. 캠핑의 묘미인 불멍때리기는 캠퍼들 사이에서 통용되는 용어로, 모닥불 앞에서 멍하니 앉아 시간을 죽이는 행위를 의미합니다.

큰아이 다섯 살 때부터 시작한 캠핑은 현재까지 거의 매주 진행되고 있습니다. 아내는 여린 몸으로 혼자서 척척 캠핑 준비를 했습니다. 캠핑장에서의 음식과 준비 세팅도 모두 아내의 몫이었습니다. 아내는 남자들도 설치하기 힘든 거실형 대형텐트를 혼자 설치했습니다. 그리고 많은 장비와 아이들 놀이까지 1박2일 캠핑을 위해 4일을 고생해야 했습니다.

아무것도 몰랐던 저는 토요일 밤에 가서 '불멍때리기'만 하다가 일요일에 철수를 돕는 정도였습니다. 집에 도착해서도 큰 짐만 옮겨주고 잠깐이라도 일을 하려고 회사로 출근했습니다.

캠핑이 제게 준 치유효과는 탁월했습니다. 이제 저는 울고 싶으면 더 이상 울음을 참지 않습니다. 예전에는 슬픈 일이 있어도 차 안에서 아무도 모르게 혼자 울었지만, 이제는 슬픈 음악도 들으면서 제 자신을 달랩니다. 이제 더 이상 저에게 과도하고 지나친 냉정을 요구하지 않습니다.

지금도 저는 아이들과 시간을 많이 가지지 못하는 빵점짜리 아빠입니다. 조금이라도 시간을 함께 보내기 위해 노력하지만 쉽지 않습니다. 바쁠 때는 아이들 생일도 그냥 넘기기 일쑤입니다.

그럴 때마다 아내는 선물을 미리 준비해서 아이들 몰래 현관에서 전달해줬습니다. 그리고 아이들과 친한 친구 이름을 미리 말해주었습니다. 그런 노력으로 시간을 많이 못 보내지만 아이들과 매끄럽게 대화할 수 있었습니다.

❥ 꿈에도 타이밍이 있다

초등학교 2학년 때부터 가보고 싶었던 빈센트 반 고흐의 나라 네덜란드는 막연히 마흔 살이 되면 꼭 가보겠다고 다짐했습니다. 그전에도 갈 기회가 있었지만 사치라는 생각이 들었고 조금 더 기회를 미뤘습니다.

유럽 출장을 준비하던 중 아내는 시간을 조금만 내서 네덜란드에 다녀오라고 말하며 초등학교 2학년이 된 큰 아들과 함께 가는 것을 제안했습니다. 초등학교 2학년 때부터 꿈꾸었던 빈센트의 나라 네덜란드를 초등학교 2학년이 된 큰 아들과 다녀왔습니다.

출발 전 너무 설레서 잠을 설쳤습니다. 비행기에서도 내내 잠을 잘 수 없었습니다. 경유지였던 일본은 빈센트의 그림에 소재가 되기도 했던 나라여서 더욱 설렜습니다. 20시간의 비행시간 내내 잠 한숨 못자고 네덜란드에 도착했습니다.

도착 첫날, 제일 먼저 빈센트 반 고흐 국립 미술관에 가고 싶었지만 조금이라도 아껴두고 싶어서 3일째 여정에 빈센트 반 고흐 국립

미술관에 가는 일정을 잡았습니다.

일단 독일 뜨개질 전시회에 다녀왔습니다. 그렇게 이틀이 눈 깜짝할 사이에 지나고 마침내 3일째 되던 날, 저는 그토록 꿈꾸던 빈센트 반 고흐 국립미술관에 도착했습니다. 그 앞에서 크게 심호흡을 했습니다. 도무지 다른 관광객들처럼 바로 국립미술관에 입장할 수 없었습니다.

빈센트를 너무 사랑해서 처음으로 만들었던 털실의 이름을 빈센트로 지었고 그 털실을 태국과 미국에 수출하는 성과도 올렸습니다. 제게는 너무도 큰 빈센트의 존재였기에 망설였습니다.

아빠의 꿈을 알고 있었던 큰아이는 "왜 안 들어가요?"라고 제게 물었습니다. 저는 큰아이와 함께 국립미술관 주변을 세 바퀴 돌면서 설레는 가슴을 진정시켰습니다. 그리고 나서야 입장할 수 있었습니다. 아홉 살 때 꿨던 꿈을 마흔 두 살이 되어서 현실로 이룬 순간이었습니다.

가장 보고 싶던 그림인 '감자를 먹는 농부들' 앞에 섰습니다. 그 앞에서 아홉 살 때 느꼈던 감동과 흥분을 기억하려고 했습니다. 수도 없이 상상했던 날이었기에 저는 너무 설레서 빈센트의 그림을 보는 순간 눈물을 흘릴 거라고 예상했습니다. 하지만 막상 그림 앞에 섰을 때 제 예상은 빗나갔습니다.

생각했던 것만큼 감동이 밀려오지는 않았습니다. 너무 허무했습니다. 이렇게 와서 보면 되는 것을 오랫동안 아끼고 감췄다니, 제 자신에게 화가 날 정도였습니다. 만약 더 일찍 갈 수 있었을 때 그 행복과 설렘을 맛보았더라면 어땠을까 하는 생각이 들었습니다. 꿈은 아낄 때가 아니라 실천할 때 그 가치가 있다는 것을 깨달았습니다.

꿈을 아껴서는 안 됩니다.

초등학교 2학년 때부터 가고 싶었던 네덜란드였지만, 미룰수록 행복할 줄 알았습니다. 그래서 조금만 더, 조금만 더 후에 가자고 생각하며 기회가 와도 미루고 또 미뤘습니다. 늦출수록 그 기쁨은 배가될 것이라고 생각했습니다. 나이 서른이 되면 꼭 여행해보고자 다짐했지만 가지 않았고, 마흔 살에는 꼭 가리라 생각했지만 역시 가지 않았습니다. 더 여유가 있을 때 가야지 그 감동도 클 것이라고 생각했습니다.

하지만 꿈은 꾸는 데 그치지 말고 이뤄야 합니다. 아낀다고 그 꿈과 목표가 더 큰 감동으로 전달되는 것은 아니었습니다. 그 진리를 저는 그날 '감자를 먹는 농부들' 그림 앞에서 깨달을 수 있었습니다. 꿈은 아끼지 말고 현실에서 누릴 수 있는 행복을 최대한 만끽해야 합니다.

행복을 미루면 안 되지만, 동시에 오늘 할 일을 내일로 미뤄서도 안 됩니다. '금연과 다이어트는 내일부터 하는 것'이라는 말이 있습니다. 그렇지만 지금 당장 하지 않으면 절대로 실현될 수 없는 일이 바로 금연과 다이어트죠.

저는 금연과 다이어트의 특징은 꿈의 특징과 비슷하다고 생각합니다. 사람들은 내일의 꿈을 위해서라는 말로 오늘은 적당히 쉬면서 현실과 타협합니다. 그렇지만 금연과 다이어트처럼, 오늘 절실하게 목숨처럼 살지 않으면 내일의 꿈을 꿀 수 없습니다.

연습벌레로 유명한 최경주 프로골퍼는 "오늘 1000개의 공을 치기로 했으면 무조건 1000개를 쳐야 한다. 오늘 999개를 치고 내일 1001개를 치는 것은 단연코 '실패'다"라고 말합니다. 오늘과 내일은 다르고, 오늘 할 일을 하지 못했기 때문입니다.

요즘 직장 생활하는 젊은이들을 보면서 아쉬웠던 점이 있습니다. 젊은이들은 내가 동료보다 조금 더 일하게 되면 그것을 손해 보는 일이라고 생각합니다. 그러나 결과는 그렇지 않습니다. 오늘 내가 동료보다 조금 더 일을 했다면 난 그만큼 발전하고 성장한 것입니다. 그리고 후일 자신이 사업을 하든, 임원이 되든, 무엇을 하든 그것에 보이지 않는 힘이 될 것입니다.

비즈니스를 하는 사람들도 마찬가지입니다. 지금 적당히 하다가 후일 내 사업을 하게 되면 그땐 정말 열심히 할 것이라고 다짐합니다. 그러나 다이어트와 마찬가지로 지금 이 순간 열심히 하지 않으면 내 사업도 좋은 결과를 기대할 수 없습니다.

일과 행복은 미루면 안 된다는 진리를 깨닫는 과정은 현명한 아내의 내조가 있었기에 가능한 일이었습니다. 그래서 저는 지금도 현명한 아내가 너무나도 감사합니다.

사실 저는 아내에게 좋은 남편은 아니었습니다. 아내가 첫째 아이를 임신했을 때였습니다. 임신 초기에 아내는 제게 전화해 "힘들어서 앉을 수도 없고 누워있을 수도 없어요"라고 말했습니다.

그 말을 듣고 저는 이렇게 답했습니다.

"그럼, 서있으면 되겠네!"

이처럼 임산부에게 어처구니없는 해결책을 제시했던 사람이 저였습니다.

저는 제 일 이외에 다른 일은 정말 상식이 부족했습니다. 임신 초기 한참 조심해야 할 시점에 저는 아내와 함께 길을 걸었던 적이 있습니다. 신호등을 함께 건너고 있는데, 초록불이 꺼지기 직전에 임신한 아내에게 어서 뛰라고 재촉하기도 했습니다. 그만큼 여자를 배려하는 방식을 몰랐고 항상 시간과 약속에 대한 가치를 우위에 뒀습니다.

이런 저 때문에 아내는 불만도 있었고 요구사항도 많았겠지만 언제나 묵묵히 기다렸습니다. 무지한 저를 이해해주고 웃으며 바라보던 아내가 있었기에 제가 올바른 길을 가기 위해 노력할 수 있었습니다. 아내가 있었기에 오늘의 제가 존재하며 부족하지만 아빠로서의 역할도 가능했던 것 같습니다. 제 인생에서 아내만큼 소중한 사람은 없습니다.

더 큰 꿈을 위한
기반을 다져라

사업이 잘되자, 영업장소로 직접 가져가는 물건은 차치하고서라
도, 당일 배송되는 택배물량만으로 저녁 5시가 넘어가면 제 주변은
물건들 때문에 아예 마비가 될 정도였습니다. 1년 만에 방산시장에
매장을 세 곳으로 넓혔고, 더 큰 장소의 물류센터가 필요하였습니
다. 그리하여 지금의 일산 물류센터로 이전하게 되었습니다.

대부분의 사람들이 이렇듯 사업이 번성하는 와중에는 발전을 위
한 노력을 게을리 하고 현실에 안주하기 쉽습니다. 하지만 저는 긴
장을 놓지 않았습니다. 회사의 더 큰 발전을 위해 많은 노력을 기울
였습니다. 그리고 저희 회사뿐만 아니라, 같은 분야의 여러 사람들
이 상생할 수 있는 큰 그림을 그리기 시작했습니다.

✔ 유언비어에 대처하는 방법

청계천 5가 지하상가에서 시작된 일명 '털실 신화'는 제 개인에게 는 엄청난 성공의 기쁨과 성취감을 주었지만, 반대로 다른 품목의 도매상들에게는 많은 불편을 주었습니다. 제가 워낙 거래처를 많이 뚫었기 때문입니다. 이 때문인지 성공 가도를 달릴수록 저를 둘러싼 유언비어가 점점 생겨났고, 정도도 심해졌습니다.

가지 않았던 곳에서 저를 보았고 피해를 보았다는 도매상의 제 보가 떠돌았습니다. 단순히 뜨개방 점주분의 말만 믿고 저를 오인 하는 경우도 많았습니다. 그 제보로 인해 부당한 손해를 당했던 적 이 한두 번이 아니었죠. 사람간의 신뢰가 무너진 점도 제게 큰 타격 이 되었습니다.

언제나 모르쇠로 대처했지만 정도가 심해지자 적극 대응에 나섰 습니다. 제가 가지도 않았던 지방에서 저를 보았다는 유언비어를 퍼 트린 도매상에게는 전화를 걸어서 이런 식으로 대응했습니다.

"사장님이 말씀하신 것처럼 저 지금 그곳으로 진짜 출발합니다. 그럼 사장님은 거짓말하신 것도 아니고, 착각하신 것도 아닌 게 되 는 거죠?"

유언비어를 퍼트린 도매상 사장은 말을 잇지 못하는 경우가 많았습니다. 이때를 놓치지 않고 저는 이렇게 덧붙였습니다.

"그럼 저에게 감사해야 하는 거죠? 하하."

이런 식으로 대응했습니다. 점주 말만 믿고 저를 모함했던 도매상에게는 제 통화목록을 보여주며 상황을 설명하고 제가 아니라는 사실을 밝혀내 사과를 받아냈습니다.

그렇게 사과를 받아내면서도 마음은 편치 않았습니다. 하루하루가 장사를 빼앗기지 않으려는 몸부림의 연속이었고, 정해진 틀 안에서 끊임없이 밥그릇 싸움을 해야 한다는 것이 싫었습니다.

그리고 저를 모함하는 도매상들이었지만 그들에게도 미안한 마음이 많았습니다. 경쟁이라는 미명아래 서로를 헐뜯고 경계하는 모습만 보여서 싫었습니다.

때문에 저는 무언가 다른 걸 실현하고 싶었습니다. 장사를 하는 동안에는 끊임없이 경쟁해야 하고 살아남기 위해 치열하게 싸워야 하는 게 영속적이지는 않다는 생각을 하게 되었습니다. 시장의 크기를 키우고 다른 방식으로 접근할 수 있는 방법을 고민했습니다. 그런 그들과의 경쟁이 내게 힘을 실어주는 긍정의 에너지로 작용하고, 오늘의 나를 존재토록 하기 때문이었습니다.

제가 거래처를 관리하는 방법은 화려한 대화도 아니고 극도의 친절함도 아니었습니다. 직원들에게도 항상 주장했던 내용으로 영업에 있어서 가장 중요한 건 바로 믿음과 신뢰였습니다. 믿음과 신뢰가 쌓이고 나면 실수를 하더라도 오해가 되어 풀리지만, 믿음과 신뢰가 쌓이지 않은 거래처는 언제든 날아갈 수밖에 없는 바람 앞 촛불입니다.

❧ 꼼수 부리지 말라

저는 꼼수를 부리지 않았습니다. 정직하게 그리고 꾸준히 믿음과 신뢰를 보였습니다. 매출이 많아지고 업계에서 이름이 높아지자 시기하고 질투하는 무리도 있었지만, 반면으로 저를 만나고 싶어 하는 생산자들이 당연히 많아졌습니다. 명절이면 이름도 모르는 생산자들의 선물이 도착했고 수없이 많은 수입상들의 연락이 왔습니다.

하지만 예전 선배들이 장사하던 시기와는 너무 다른 환경 때문에 난감한 상황이었습니다. 물건은 어디에서든지 넘쳐났고, 외국에서는 한국 시장의 가치를 높게 평가하여 수입되는 물건도 많았습니다.

보다 중요한 건 물건이 아니라 유통망이었습니다. 저의 성공신화로 많은 도전자와 경쟁자들이 생겨났고 그로 인해 시장은 더 이상 커질 수 없는 조건이 되었습니다. 시장 확대가 어려워지자, 업계는 '제살 깎아 먹기'식 경쟁이 계속될 수밖에 없었습니다. 이런 식의 경쟁은 특히 인터넷 업계에서 더욱 치열했습니다.

저는 전부터 오프라인 판매망보다 온라인 판매망에 더 관심이 많았습니다.

털실업계에 뛰어들었던 초반 싸이월드를 할 정도로 인터넷 판매 쪽에 관심이 있었지만, 뜨개방이 있었기에 인터넷까지 동시에 집중할 수 없었습니다. 그리고 거의 모든 대형 인터넷 업체와는 거래를 하고 있었기에 대놓고 나설 수도 없는 상황이었습니다.

우선 인터넷 니트러브 카페를 만들고 온라인으로의 소통을 시작했으며 니트러브라는 쇼핑몰을 본격적으로 운영하였습니다. 오프라인에서는 제가 운영하는 연애사 때문에 항상 시끄러웠던 상황이었습니다. 그런데 이제 온라인에서도 연애사가 쇼핑몰을 운영한다는 소문이 퍼지자 니트러브는 존재 자체만으로 대단한 관심을 불러 모았습니다.

하지만 제 의도는 모두를 위한 소통공간을 만드는 것이었습니다. 물 흐르듯 과정이 자연스레 이어지자 업계에서는 공격하기 좋은 대상으로 삼고 여러 유언비어를 만들어내었습니다. 익숙한 일이기에 시간이 지나면 모두들 제 진심을 알게 될 것이라고 생각합니다.

🌿 모두 상생하는 큰 그림 그리기

사업초반 '한경희생활과학'이 선보인 한경희 스팀청소기 성공 사례를 보면서 신선한 충격을 받았습니다. 스팀청소기는 고온의 스팀을 이용해 진드기나 곰팡이 등을 살균하고 미세먼지나 기름때, 찌든 때를 제거하는 청소기입니다. 스팀청소기의 출연으로 업계에서는 청소기산업 자체가 위축되고 변질될 것이라고 예상했지만, 결과는 달랐습니다. 또 다른 시장이 창출되면서, 업계에 엄청난 시너지 효과를 불렀습니다.

제가 진정으로 바라는 것은 바로 이런 상생구조입니다. 현재의 포화된 레드오션 시장 속에서 아웅다웅 할 것이 아니라, 블루오션을 개척해 모두가 상생하는 구조입니다. 그러기 위해서는 누군가는 블루오션을 개척해 시장을 넓혀야 합니다. 이것이 실현되면 업계 모두 함께 살아갈 수 있을 것입니다.

'니트앤'이라는 쇼핑몰은 그렇게 시작되었습니다. 니트앤은 현재 뜨개질 완성품 사이트이자 감성캠핑 사이트입니다. 하지만 저는 이 사이트를 확장해서 결국에는 뜨개질 시장의 파이를 키우는 역할을 할 수 있는 사이트로 개편할 생각입니다.

제가 직접 만들고 수입하는 품목도 있지만, 본질적으로 제가 하고 있는 주 역할은 바로 유통입니다. 현재 털실업종에서 겨울철 전시회를 운영하는 회사는 네 곳이 전부입니다. 이 중 저희 회사만 유통회사이며 나머지 세 곳은 생산업체입니다.

제가 운영하는 연애사(니트러브)는 유통하는 도매상이지만 다른 도매상과는 달리 뜨개 업종의 전반적인 발전이라는 역할을 생각했습니다. 따라서 단순한 전시회의 틀에서 벗어나, 워크숍을 통해 뜨개 기법을 공유하고 있습니다. 또한 점주들의 발전을 통해 뜨개시장의 전체 발전을 도모하고 있습니다. 이번 워크숍에서는 도안에 끌려 다니는 점주들의 모습이 아니라, 뜨개 기법을 연구해 스스로 공부하고 디자인을 만들어가는 재생산에 초점을 두었습니다.

만약 같은 날, 같은 장소에서 네 곳의 회사가 전시회를 공동으로 진행한다면 그 시너지는 엄청날 것입니다. 이런 생각으로 저희 회사를 포함한 세 곳의 회사에 같은 날, 같은 장소에서 전시회를 진행하도록 건의했습니다. 물론 주변의 우려처럼 모두들 비관적으로 생각했습니다. 이들은 대부분 전시회의 필요성을 느끼지 않았던 상황이었습니다. 다행히 한 곳의 회사가 같은 날 다른 장소에서 전시회를 진행하며 셔틀버스를 운행하자는 제의를 했고 결국 받아들였습니다.

2014년 처음으로 한 회사와 같은 날 무료 셔틀버스를 운영하면서 서로의 전시회 정보와 작품을 공유하는 계기를 마련했습니다. 물론 이것은 시작에 불과합니다. 저는 이를 업계 모두가 참여해 같은 날, 같은 장소에서 진행되는 전시회로 발전시킬 생각입니다.

이런 활동과 함께 저는 니트러브 카페를 운영하여 니터들의 요구와 소비패턴에 대한 지속적인 관심을 가지고 있습니다. 니트러브의 경험은 비단 뜨개질 시장뿐 아니라 손으로 하는 DIY 관련 업종과 수공예 시장의 발전을 도모할 수 있는 기회가 될 것입니다.

❦ 뜨개질 한류를 꿈꾸다

전 세계에서 속칭 '잘 나간다'는 산업과 비교해도 우리나라가 결코 뒤지지 않는 업종이 몇 개 있습니다. 예를 들어 문화콘텐츠는 동남아시아 일부 국가에서는 거의 신앙처럼 받아들여진다고 합니다. 얼마 전에도 '무한도전'이라는 TV 프로그램을 시청하였는데, 빅뱅의 지드래곤이 세계적인 할리우드 스타들과 어깨를 나란히 하고 있는 모습을 보고 괜스레 제가 뿌듯해지더군요. 이밖에도 의료, 관광, IT 분야 등은 세계로 뻗어나가 성공한 좋은 사례라고 봅니다.

저는 여기에 뜨개업이라는 분야가 조만간 추가될 수 있을 것이라고 생각합니다. 그리고 우리 연애사(니트러브)가 이런 '뜨개 한류'에 일조할 것이라고 믿습니다. 제가 이런 생각을 하게 된 건 독일, 일본, 중국, 미국 등 세계 각지의 뜨개 박람회에 참여하면서 우리나라 뜨개업의 경쟁력을 자각했기 때문입니다.

일단 중국의 경우 손뜨개 전시회라기보다는 섬유·편물 전시회 느낌이 강합니다. 다양한 원료를 볼 수 있지만, 뜨개실로 만들어진 작품은 찾기 힘듭니다. 원료에 대한 정보와 다양성에 집중하는 박람회이기 때문에 소비자 입장에서도 중국 전시회에서 손뜨개 아이템을 얻기는 어렵습니다.

한편 일본 전시회는 다양한 작품과 소품으로 니터의 관심을 모을 수 있는 전시회라고 생각합니다. 특이점은 각 브랜드별 전시회가 아닌 도매상별로 전시회를 진행하고, 이 일정에 맞춰 각 브랜드에서 전시회에 협조하고 있다는 점입니다. 이런 형태의 전시회는 한 가지 비효율적인 문제가 발생합니다. 중복되는 아이템이 많고 전시회 작품 내용도 비슷하다는 점입니다. 현재 한국에서 진행되는 뜨개 전시회는 일본 스타일과 유사한 부분이 많습니다.

그렇다면 비아시아권 전시회는 어떨까요. 독일 전시회는 유럽과 미국 등 다양한 브랜드가 참여하기 때문에 가장 화려하고 볼거리가 많습니다.

그러나 여전히 아쉬운 부분이 있습니다. 해외 직접 구매가 활성화되어 있기 때문에 도매상과 수입상 입장에서 보면 매력이 떨어집니다. 전시회에 가서 얻을 게 많지 않다는 말이죠. 물론 장기적으로 볼 때 해외 직접 구매 트렌드는 긍정적이라고 봅니다. 손뜨개 생산 관련 업종에 종사하는 사람들은 해외 직접 구매가 되돌릴 수 없는 대세라는 점을 받아들여야 합니다. 나아가 해외 브랜드는 니터들이 직접 구매를 통해서 구매하고, 국내 개발자들은 국내에서 개발한 제품으로 니터들에게 냉정한 평가를 받아야 합니다.

해외 직접 구매의 경우 통관 과정에서 아무래도 관세 등 수수료가 붙기 마련입니다. 이를 고려해서 상대적으로 저렴하면서도 만족스러운 품질의 제품을 내놓을 수 있을 때 니터들은 해외 직접 구매보다 국내 제품을 선호하게 될 것입니다. 지금은 니터들의 선택이 해외 직구 제품에 쏠려 있지만, 대한민국 도매상과 생산자들이 변화되어 높아지는 니터들의 수준에 발맞춰 실을 개발하고 연구한다면 언젠가 직구로 쏠린 니터들의 관심을 충분히 되찾을 수 있습니다.

중국, 일본, 독일에 비해 미국 전시회는 제가 '뜨개 한류'를 생각하게 한 가장 직접적인 계기가 되었습니다. 미국 전시회는 (일반 니터에게는 공개하지 않는) 생산자와 디자이너를 위한 제품 설명회 같은 느낌입니다. 실리를 중요하게 생각하는 미국 전시회는 화려한 조형물과 예쁜 진열보다는 실의 감촉과 색감을 내세우는 편입니다. 다소 화려했던 니트러브의 전시 작품들이 주목 받았던 이유도 이런 미국 전시회만의 특징이 자리하고 있기 때문입니다.

특히 미국 전시회에서 가장 기억나는 것은 바로 니트 디자이너 니키 엡스타인Nicky Epstein과의 만남이었습니다. 뜨개업 관계자에게 니키 엡스타인은 신화와 같은 존재입니다. 일 년에 한 권 내기도 힘든 손뜨개 책을 연간 4~5권씩 발간하는 것으로 유명합니다.

저는 평소 어떻게 그렇게 다작할 수 있는 건지, 비결이 궁금했습니다. 미국 전시회에서 그 비밀을 알 수 있었습니다. 비결은 바로 시스템이었습니다. 디자인은 니키가 하고 뜨개질 샘플과 도안 작업은 다른 사람이 보조해줬던 것입니다. 그래서 수없이 많은 뜨개가 가능했습니다. 시스템의 중요성을 깨달았습니다.

니키 엡스타인을 만나고 또 한 가지 충격을 받은 것이 있습니다. 현장에 있는 디자이너들이 니키를 대하는 자세였습니다. 미국 전시회에 참여한 디자이너들은 대부분 대기업 소속이거나 개인이 비즈니스를 소유한 오너 겸 디자이너입니다. 우리말로 속칭 '잘나가는' 사람들입니다. 그런 사람들이 니키의 사인회에서 사인을 받으려고 100미터씩 줄을 서는 모습은 굉장한 충격이었습니다. 우리나라 니터들은 왜 그런 대접을 받지 못하는 걸까 생각해보았고, '뜨개 한류'를 생각하게 된 계기가 되었습니다.

니키가 '뜨개 한류'를 꿈꾸게 해줬다면, 각국의 전시회에서 보고 들은 것은 '뜨개 한류'의 가능성을 부여해줬습니다. 뜨개하는 손을 저보다 많이 본 사람도 드물 것입니다. 전국의 뜨개방에 안 가본 곳이 없을 정도인데다, 매월 '니트러브데이'를 진행하면서 수많은 니터들의 손을 직접 사진에 담았기 때문입니다. 직업병인지 몰라도 저는 뜨개하는 손만 보아도 그 니터의 내공이 보입니다. 미국, 일본, 중국, 독일 등 어느 나라를 막론하고 니터들의 손동작이 우리나라 니터들보다 나은 곳을 보지 못했습니다. 빠르고 예쁘게 뜨개질한다고 하여 내공이 깊은 니터라고 볼 수는 없지만, 한 가지 확실한 건 손이 빠르고 야무진 니터는 전 세계 어디에도 없다는 것입니다.

이를 깨닫고 나서 시작한 것인 니트러브 손뜨개 소품공모전입니다. 한국 니터들은 조상으로부터 물려받은 위대한 손재주를 잘 모르고 있습니다. 문화적인 시간차가 앞서있다는 이유로 유럽과 일본의 도안을 따라 하기 급급합니다. 조금만 시각을 바꿔서 개발하고 디자인하면 멋진 작품이 나올 수 있는데 그 점을 인식하지 못하고 있습니다.

니트러브 손뜨개 소품공모전은 사비를 털어서 준비했습니다. 올해 4회째를 맞는 공모전을 준비하는 데 상금과 상품권 등 2000만 원의 경비가 소요됩니다. 저는 그 돈이 아깝지 않습니다. 이 공모전이 초석이 되어 언젠가 우리나라가 세계 시장에서 뜨개 강국으로 앞

장설 날이 올 것이라고 믿기 때문입니다.

뜨개 강국 한국으로 나아가기 위해 한 가지 추진하고자 하는 일이 있습니다. 바로 뜨개 관련 전시를 한 곳에서 개최하는 '블렌드 전시회'입니다. 현재 한국에서 매년 전시회를 진행하는 회사는 4곳입니다. 그중 니트러브를 빼면 모두 생산자입니다. 세 곳 모두 일본 제품 수입에 주력하는 회사라서 일본식 전시회 형태를 유지하고 있습니다. 이는 회사 입장에서 보면 운영하기 편리한 시스템이지만 니터 입장에서는 굉장히 불편한 시스템입니다. 특히 지방에 사는 점주나 니터에게는 매우 소모적인 형태의 전시회로 비칠 수 있습니다. 하지만 같은 날, 같은 곳에서 네 회사가 전시회를 진행한다면 어떨까요? 많은 사람들이 일정을 짜고 전시회를 모두 둘러보기에 매우 편리할 것입니다. 블렌드 전시회가 필요한 이유입니다.

물론 블렌드 전시회는 회사 입장에서 보면 굉장히 불편할 수 있습니다. 아마 니터들이 네 곳의 전시회를 한꺼번에 둘러보고 비교하면서 다양한 의견을 제시할 테죠. 이는 회사 입장에서는 상당히 부담스러울 수 있습니다. 그러나 보다 멀리 보아야 합니다. 이런 소비자들의 의견이 각 회사가 선의의 경쟁을 할 수 있는 원동력이 되고, 결국 업계의 발전을 이끌게 될 것입니다. 나아가 전시회에 관심이 없는 일반인의 관심을 불러일으키고, 가벼운 목도리나 수세미를 간헐적으로 즐기던 일반인들까지 뜨개질이라는 매력적인 세상으로 끌어들일 계기가 될 것입니다. 이렇게 된다면 뜨개업의 파이는 더 커질 테고 회사들도 더 큰 파이를 나눠먹을 수 있어 전체적으로 이익입니다.

2014년 한 곳의 회사와 같은 날 전시회 일정을 맞추고 셔틀버스를 운영했던 경험은 향후 '니트 한류' 문화를 조성하는 데 소중한 밑거름이 되었습니다.

그동안 목표로 삼았던 모든 걸 이뤘듯이, 블랜드 전시회도 머지않아 이뤄질 것으로 확신합니다. 그렇게 되면 점주들은 바쁜 시간을 여러 갈래로 쫓기지 않아도 유행패턴과 물건을 한꺼번에 비교·분석할 수 있습니다. 생산자들에게는 시험을 보는 것처럼 매우 당황스러운 일이 될 수 있겠지만, 결과적으로는 서로 경쟁에서 살아남기 위해 다방면으로 노력하게 될 것입니다. 그 노력의 결과물은 뜨개시장의 발전과 파이 확대로 이어질 수 있다고 확신합니다.

니트러브 블랜드 전시회는 5년 전부터 한 가지 캠페인을 펼치고 있습니다. '수강료 받기 운동'입니다. 현재 많은 뜨개방들은 대외적으로는 수강료 없는 무료 수강을 내세우고 있지만, 세상에 공짜는 없습니다. 겉으로 보이지 않을 뿐이지 사실 판매하는 실 가격에는 수강료가 포함되어 있습니다.

이렇게 눈에 보이지 않는 수강료 구조는 두 가지 단점이 있습니다. 첫째, 실 가격에 숨겨진 수강료 때문에 오프라인 실 가격이 온라인 판매 가격보다 상승하게 됩니다. 둘째, 무료 강의기 때문에 실을 구매하는 입장에서도 수강이라는 형태를 아주 가볍게 생각하게 됩니다.

무료 수강은 점주 입장에서 자신들의 위대한 손재주를 스스로 폄하하는 것입니다. 때문에 이런 관행은 반드시 바뀌어야 합니다. 니터들은 제대로 된 수강료를 지불하고 확실한 강의를 들어야 하고 점주들과 강사들은 수강료를 통해 자신의 위대한 손재주와 노력에 대한 보상을 받아야 합니다. 그렇게 될 때 인터넷과 일반 뜨개방의 실가격 격차가 사라지고, 공정한 경쟁과 차별화된 소비 형태가 안착할 수 있습니다. 이런 기형적인 관행이 사라지고 투명한 구조가 정착될 때 '니트 한류'는 실현될 수 있다고 생각합니다.

3장

성공의
숨은 조건

"

아주 사소한 것 하나라도 이뤄내기 위해서는
최선을 다해 노력해야 한다는 교훈.
제가 잉여인간이라는 사실을
스스로 깨달았기 때문에
얻을 수 있었던 교훈이었습니다.

"

인생은
드라마가 아니다

사업가로서 어느 정도 성공했다는 평을 듣는 저지만 인생의 출발이 결코 좋았던 건 아니었습니다.

'똑순이'로 유명한 배우 김민희 씨를 아시나요?

1972년생으로 저와는 출생년도와 월까지 같은 동갑내기 연기자입니다. 1981년 제17회 백상예술대상 영화부문 여자신인연기상까지 받았던 제 어린 시절 가장 유명한 아역배우 중 한 명이었습니다.

1980년, 김민희 씨는 '미워도 다시 한 번 80'이라는 영화에 출연한 적이 있습니다. 제겐 도무지 잊을 수 없는 영화입니다. 서울 명보극장에서 개봉되어 관객 36만 5000명을 동원하여 1981년도 한국영화 흥행 순위 1위를 기록한 영화입니다.

영화에서 제약회사 상무 강신호는 유치원 보모인 전혜영과 사랑에 빠지지만 결혼하지 못합니다. 그 후, 강신호 앞에 전혜영이 8년 만에 등장합니다. 7살 된 딸 영신과 함께 말이죠. 여기서 딸 영신을 바로 김민희 씨가 연기했습니다.

영화에서 김민희씨는 아빠와 엄마가 결혼하지 않았음에도 불구하고 사랑을 받았습니다. 아빠 강신호는 엄마 전혜영의 '딸 교육을 위해서라도 강신호가 딸을 맡아야 한다'는 말에 아내의 반대에도 불구하고 영신을 받아들입니다. 아빠와 같이 살게 된 영신은 재일교포와 결혼하면서 일본으로 건너간 엄마를 잠시도 잊지 못합니다. 그러던 어느 날 일본에서 엄마 전혜영이 귀국합니다. 영신은 혜영을 찾아 나섰다가 늦어 아빠 강신호에게 얻어맞는데, 엄마 전혜영이 이를 목격하고 다시 영신을 데리고 시골로 떠납니다.

전 이 영화를 보면서 왠지 모를 '억울함'을 느꼈습니다. 억울함을 넘어 분한 감정이 치솟아 올랐습니다. 특히 단지 영신의 역할을 연기했을 뿐인 죄 없는 배우 김민희 씨를 향한 분노의 감정이 쉽사리 사그라지지 않았습니다.

왜냐고요. 영화 속의 그녀가 연기했던 영신은 미혼모의 자식이었지만, 아버지와 친엄마에게 버림 받지 않았기 때문입니다. 저랑 정반대로 말입니다. 가슴 아픈 현실이지만 부모가 자식을 사랑한다는 만고의 진리는 여전히 유효했습니다.

이 만고의 진리는 슬프게도 제게는 통하지 않았습니다. '미워도 다시 한 번 80'이 한국 영화 흥행 역사를 새로 쓰던 그즈음 저는 친아버지와 친어머니의 사랑을 받지 못했습니다. 친아버지와 친어머니의 삶에 방해가 될 뿐이었습니다. 저는 그들의 인생에서 걸림돌일 뿐이었고, 두 사람 모두 어떻게든 저를 책임지지 않으려 했습니다.

어렸을 적부터 저는 남들과 다른 환경에서 늘 혼자 살아남아야 하는 처지였습니다.

❧ 남들과 다른 시작

제 친아버지에게는 네 명의 여성과 다섯 명의 자식이 있었습니다. 본부인에게는 첫째 아들과 막내가 있었고, 나머지 여성에게는 각각 한 명씩의 자녀가 있었습니다. 제 친어머니는 네 번째 부인이었습니다. 아버지는 어머니와 결혼 생활 중 본부인이 임신해, 다섯 번째 자식이 또 생겼습니다.

네 명의 여자와 다섯 명의 자식이 있었던 친아버지의 삶속에 저라는 존재는 없었습니다. 마음속에 사랑을 나눠야 할 대상이 많기 때문이거나 자신만을 사랑하는 이기적인 사람이라고 생각했습니다. 친어머니는 자매가 있던 새아버지와 재혼하였고 새아버지와의 사이에서 남동생을 낳았습니다.

제 기억에 새아버지는 남농 허건許楗 선생의 제자였습니다. 허건 선생은 조선 후기의 저명한 화가 소치小癡 허유許維의 손자이자, 미산米山 허형許瀅의 아들로 유명한 대한민국의 동양화가입니다.

그의 수하에서 배운 새아버지는 재능 있는 화가로 알고 있습니다. 새아버지의 겉모습을 본 사람들은 그의 다른 모습을 알지 못합니다. 사실 새아버지는 존경할만한 부분도 분명 가지고 있었습니다. 중학교 때 새벽에 화장실을 가려고 일어났는데 2명의 건장한 사내가 무릎을 꿇고 새아버지의 훈계를 듣고 있었습니다. 나중에 알고 보니 우리 집에 들어온 도둑이었다고 하더군요. 그런데 새아버지는 이들을 내쫓아버리기는커녕, 도둑을 잡아서 훈계하고 그림까지 선물로 줘서 보냈습니다. 그 정도로 훌륭한 덕목을 갖춘 분이었습니다.

새아버지가 외출을 하면 저도 종종 따라 나갔습니다. 그럴 때마다 그림을 구입하는 사람들을 만날 수 있었습니다. 손님들은 주로 고위 공무원이나 큰돈을 가진 사업가였던 걸로 기억합니다. 아무래도 그 당시 남동 허건 선생 제자의 작품을 구입할 정도면 어느 정도 자산가가 아니면 안 되었겠지요.

사실 저는 그림 보는 눈이 없습니다. 다만 제 기억으로는 새아버지의 그림은 대형 작품이 많았는데, 전체 스타일은 남성적이고 힘이 넘쳤지만 자세히 들여다보면 여성적인 섬세함을 느낄 수 있었던 작품이었던 것 같습니다. 아직도 그 그림들이 기억납니다.

새아버지는 서양화가로는 후기 인상파 작품을 좋아하셨습니다. 그래서 저도 자연스럽게 '빈센트 반 고흐'라는 작가의 작품을 알게 되었습니다. 아홉 살 때 알게 된 '감자를 먹는 농부들'을 보고 나서는 네덜란드와 빈센트를 동경하게 되었습니다. 막연히 마흔 살이 되면 네덜란드에 가겠다는 목표도 세웠습니다. 얼마 전에 아홉 살 때부터 꿨던 꿈을 아홉 살이 된 제 큰 아들과 함께 네덜란드에 다녀오면서 이룰 수 있었습니다. 그때 새아버지 생각이 많이 나더군요.

세상사람 셋만 모여도 그중에 스승이 있다는 말이 있죠. 언제 어디서나 배울 것은 존재한다는 말입니다. 물론 복잡한 가정사를 겪으면서 힘들고 어려웠던 적이 참 많았습니다. 하지만 저는 이런 복잡한 가정사에서 얻은 교훈이 많았습니다.

우선은 냉철함입니다. 친아버지도, 새아버지도 제게 책임감에 떠밀려 물질적인 지원에만 신경을 쓸 뿐 진정한 사랑을 주지는 않았습니다. 그래서 저는 언젠가 버려질 수 있다는 생각을 떨쳐낼 수 없었습니다. 어린 시절 전체를 지배한 불안감과 외로움은 어느 상황에서도 침착하고 냉정해야 한다는 생각으로 이어졌습니다.

이런 태도는 후일 제가 사업을 하는 데 긍정적으로 이어졌다는 점을 부정하기 어렵습니다.

약속의 중요성도 어린 시절 뼈저리게 느낀 교훈 중 하나입니다.

친어머니가 친아버지 집으로부터 저를 불러들일 때 다시는 친아버지 집에 가지 않아도 된다고 약속했었습니다. 그 말을 믿으면서도 한편으로는 불안하기 그지없었습니다. 그 불안감은 정말 현실이 됐습니다. 결과적으로 친어머니는 다시 친아버지 집으로 저를 보내버렸기 때문입니다. 사람 사이에 약속이 얼마나 중요한 문제인지를 누구보다 절실하게 느꼈습니다. 제가 복잡한 가정사를 겪었기 때문에 가슴 깊이 체감할 수 있었습니다. 내가 무심코 약속을 어기더라도 누군가에게 큰 상처가 될 수 있다는 생각을 하게 된 것입니다. 이후 저는 매사에 지킬 수 있는 약속만 하는 등 다른 사람과의 관계에서 언제나 신용을 지키기 위해 애를 쓰고 있습니다.

고통스러운 어린 시절이 없었다면 냉철한 태도와 신용을 중시하는 저의 비즈니스 철학은 탄생하기 어려웠을 것입니다. 여러분에게도 아픈 어린 시절의 기억이 있다면 단순한 고통에 그치게 하지 마십시오. 제가 만나본 성공한 사람들 가운데 의외로 평탄한 어린 시절을 보낸 이들은 많지 않았습니다. 과거가 고통스러웠을수록 나중의 성공도 빛나는 법입니다.

🌱 관심과 무관심의 차이는 크다

물론 제게도 행복한 어린 시절 기억이 있습니다. 가장 마지막 기억은 다섯 살 때입니다. 잠자는 척하는 저를 안은 친아버지와 친어머니의 행복한 웃음소리에 살짝 눈을 떴었죠. 장롱 거울 속에 비친 저를 보면서 웃었던 기억이 납니다.

어린 시절 유일하게 기억하는 행복한 웃음소리입니다. 동시에 친아버지와 친어머니가 나의 부모라는 사실을 마음속으로 알게 된 처음이자 마지막 순간입니다.

이후로 그런 따뜻한 기억은 제 유년시절에는 없었습니다. 저는 친어머니와 단둘이 어느 허름한 단칸방으로 쫓겨났습니다. 왜 갑자기 이사를 해야 했는지 얼마 전 친아버지를 만나기 전까지는 몰랐습니다. 그때서야 친아버지는 말씀하시더군요. 당시 이미 전 친어머니에게 버림받아서 친아버지와 다른 여자에게 키워졌고, 친아버지가 외국으로 가면서 친어머니에게 다시 돌아왔다고 합니다. 다섯 살 때 이미 부모님께 두 번이나 버림을 받은 것입니다.

그 이후에도 별거나 이혼 같은 용어의 의미는 몰랐지만, 왠지 친아버지가 나쁜 사람이라는 인식을 품고 살았습니다. 너무나 가난했던 친아버지는 자식을 가르칠 돈도 생활비도 모두 여성에게 맡겨버렸습니다. 여자를 사랑의 대상이 아니라 수단으로 활용했던 것 같습니다. 미용사였던 큰어머니(본부인)에게 경제적 도움을 가장 많이 받았지만 정치를 하고 싶었던 아버지의 욕망을 채워줄 수는 없었겠죠. 그래서 다른 두 명의 여자에게 각각 자식을 두고 이중·삼중 생활을 했고 그마저 성이 차지 않았는지 재산이 꽤 있었던 집의 네 번째 딸인 친어머니에게 접근했던 것입니다.

당시 외할아버지는 서울에서 대형 음식점 세 곳을 운영하고 있었습니다. 그중 가장 큰 신촌의 식당에서 어머니는 카운터를 맡아 돈을 받았습니다. 깍쟁이 스타일이었던 친어머니가 친아버지의 욕망을 채워줄 거라고 생각했던 것 같습니다. 하지만 외할아버지는 아들

사랑이 누구보다도 각별했던 분이라서 네 번째 사위에게까지 재산이 갈 상황은 아니었죠. 그게 아버지와 어머니의 갈등의 빌미가 되었습니다. 아버지의 여성 편력은 너무나 심각해서, 그 와중에도 큰어머니와 다른 여자들과도 계속 연락이 오고 갔습니다. 친어머니가 제 동생을 임신했지만 중절을 강요했다고 합니다. 물론 그즈음 큰어머니도 임신해서 어쩔 수 없이 그랬던 거라고 말씀은 하시지만요. 하여튼 친아버지는 언제나 여자가 끊이지 않았고 지금도 네 명의 여성 이외에 다른 여성과 살고 있을 정도로 심각한 여성 편력을 자랑하는 인물이었습니다.

여섯 살 때 전화기 너머 친아버지에게 욕을 하며 울었던 기억이 납니다. 자세히는 몰랐지만 복잡한 아버지의 여성 편력 때문에 어머니가 고생한다고 생각했던 것 같습니다. 그래서 제대로 의미도 모르고 친아버지에게 욕을 했습니다. 전화기 너머로 친아버지는 "성진아, 그렇게 말하면 안 돼"라고 타일렀습니다. 그 말을 들었던 저는 더 화가 났고, 아버지에게 의미도 모르는 심한 말을 했습니다. 이렇게 저는 점점 삐뚤어져갔습니다.

초등학교에 입학하기 전까지 언제나 저는 혼자였습니다. 전화로 친아버지께 욕할 기회도 없었습니다. 친아버지는 계속 외국에 있었기 때문입니다. 홀로 저를 키워야 했던 친어머니는 돈 버느라 항상 바빠서 저와 놀아줄 시간이 없었습니다. 공터에서 외롭게 놀다가 저녁시간이 되면 쓸쓸하고 두려웠습니다. 저녁이 오지 않았으면 좋겠다고 생각했습니다. 저녁이 되면 모두들 집에 가서 가족과 시간을 보냈지만 전 항상 혼자였기 때문입니다.

제가 살던 서울 은평구 불광동에는 독발골이라고 부르던 산동네가 있었습니다. 그곳에는 저처럼 방치되는 아이들이 모이곤 했는데, 저는 두 살 위 사촌형과 자주 어울렸습니다. 사촌형 엄마가 친어머니의 바로 위 언니였습니다. 친아버지, 새아버지 모두 그 이모가 소개했다는 걸 알고 난 후부터는 이모 집에 가지 않으려고 했습니다. 돈도 집도 없는 제가 갈 곳이라곤 독발골 밖에 없었죠. 저녁때가 되면 독발골로 사촌형이 찾아와 밥을 먹으러 가자고 손을 잡아 끌었지만, 저는 끝까지 남겠다고 고집을 부렸습니다. 그래야 마음이 편했습니다. 당시에 친어머니 집에 잠깐 살았던 막내이모가 가끔 어둠속에서 절 찾아내고 얼굴을 쓰다듬고 울다가 저를 꼬옥 안아주었던 기억이 납니다.

돈 버느라 바쁜 어머니는 한 달에 한 번 정도 불광역 근처 레스토랑에서 돈가스를 사주면서 저를 달랬습니다. 하지만 제게 필요한 건 돈가스가 아니라 어머니의 관심이었습니다. 어머니도 아버지도, 당시의 저도 그걸 몰랐었죠. 돈가스는 저에 대한 보상이라기보다는 어머니 스스로 정장을 차려입고 우아하게 칼질하며 심리적 위안을 얻을 수 있는, 어머니를 위한 시간이었습니다.

사람, 특히 아이들은 부모를 포함한 주변의 관심을 받고 자라야 합니다. 관심을 통해 꿈을 키우고 그 꿈을 이루고자 노력할 수 있기 때문이죠. 저는 오히려 관심을 받지 못한 상태에서 관심의 중요성을 깨달았습니다. 부모의 관심을 받지는 못했지만 이 일은 제 스스로를 돌아볼 수 있는 계기를 만들어주었습니다.

　인생은 드라마가 아닙니다. 드라마처럼 밝은 스토리를 기대하면 안 됩니다. 오히려 실제 인생은 그 반대인 경우가 더 많습니다. 그럼에도 인생은 그렇게 삭막하거나 괴로운 일로만 가득한 곳도 아닙니다. 드라마 같은 조건을 기대하지만 않는다면 가끔 즐겁고 신나는 일도 벌어집니다. 괴로운 일로만 가득했던 제 인생도 지금 돌이켜보면 살만했다는 생각이 듭니다. 배우 김민희 씨가 연기했던 영신과 저는 배경과 출신, 조건이 비슷하지만 실제 삶은 매우 달랐죠. 그럼에도 저는 그 드라마 속 주인공과 제 인생을 바꾸겠냐고 묻는다면 "아니오"라고 말할 수 있습니다. 그런 드라마 속 인생을 동경하는 데 낭비할 시간에 차라리 다른 생산적이고 긍정적이며 현실적인 일을 찾을 것입니다.

나는 도대체
누구인가?

　현대 소설가 밀란 쿤데라는 소설 《정체성》에서 현대인의 불확실한 자아에 대한 성찰을 이야기합니다. 저는 이 소설을 제대로 이해하지는 못했지만, 이 소설의 표지가 매우 인상적이었습니다.

　《정체성》의 표지를 보면 얼굴이 존재하지 않는 모자와 양복을 입고 있는 사람이 나옵니다. 마치 투명인간처럼 얼굴이 있어야 할 자리는 텅 비어있고, 단지 모자와 양복만 등장합니다. 알고 보니 르네 마그리트라는 화가의 작품이 이 소설의 표지로 사용된 것이더군요. 얼굴이 없이 단지 모자와 양복만 존재하는 사람. 저는 이 그림 속에 나오는 사람이 마치 제 유년시절 같다고 생각했습니다.

🌱 버림받은 상처를 딛고 일어나야 한다

날씨가 화창한 어느 날이었습니다. 어머니는 물끄러미 저를 보기만 하였습니다. 은연중에 물끄러미 저를 보는 어머니의 눈빛이 이상하다고 생각했습니다.

얼마 뒤 어머니는 이사를 해야 한다면서 전학 갈 학교에 가자고 말했습니다. 학교에 가기 전 제가 정말 좋아하던 짜장면 집에 데려가주셨습니다. 평소에는 제가 온갖 떼를 쓰고 한 번만 짜장면을 사달라고 사정해도 한 번 데려가줄까 말까하던 곳이었죠.

저는 신이 나서 짜장면을 폭풍 흡입했습니다. 얼마나 먹고 싶던 짜장면이었는지 모릅니다. 어머니가 뭘 먹는지 살피지도 않고 열심히 젓가락을 움직였습니다.

이상한 점은 이게 다가 아니었습니다. 중국집에서 짜장면을 먹으면서 어머니는 제 손에 2만 5000원 쥐어주셨습니다. 없는 살림에 돈을 만져보기도 힘들었는데, 당시 2만 5000원 이면 어린이에게 작은 돈이 결코 아니었습니다. 이때 저는 어머니의 모습을 물끄러미 바라보았지만 어머니는 제 시선을 외면했습니다.

짜장면을 먹고 나서 어머니는 산책을 하자며 이사 갈 초등학교의 정문으로 갔습니다. 아현초등학교라는 명패가 유난히 크게 보였습니다. 그런데 그곳에는 갑자기 얼마 전 만났던 큰어머니, 즉 친아버지의 본부인이 서있었습니다. 큰어머니와 친어머니가 저와 조금 떨어진 곳에서 얘기를 나누었습니다.

눈물을 흘리는 친어머니를 보면서 본능적으로 나를 버리고 간다는 걸 깨달았습니다. 손에 쥐고 있던 2만 5000원 따위는 안중에도 없었습니다. 저는 울면서 어머니를 향해 달려갔습니다. 열심히 뛰었지만 작은 보폭으로 뛰어봤자 소용없었습니다. 얼마 지나지 않아 큰어머니 손에 붙들렸습니다. 가지 말라고 목 놓아 울면서 외쳤지만 친어머니는 한 번도 돌아보지 않았습니다.

겁이 덜컥 났습니다. 마침 길거리 행상을 하던 할머니 한 분이 애처롭게 저를 바라보면서 눈물을 흘리고 있었습니다. 저는 그 순간 울음을 멈추었습니다. 그땐 왜 그랬는지 알지 못했지만, 아마 운다고 바뀌는 건 없다는 걸 은연중에 깨달았나봅니다. 현실을 순순히 받아들이고 친아버지 집으로 갔습니다.

다행히 그날은 큰어머니도 이복형제들도 따뜻하게 대해주었습니다. 마침 드라마 '수사반장'에서 이복형제의 얘기가 나왔고 따뜻하게 마무리되는 걸 함께 보면서 저와 이복형제들의 관계도 그렇게 될 것이라고 생각했습니다.

그러나 그건 저의 착각이었습니다. 그저 첫 날이었기 때문에 따뜻하게 대해준 것뿐이었습니다. 먹고 살기 힘들던 예전에는 식솔 한 명이 는다는 게 그다지 반가운 일만은 아니었나 봅니다. 다음날부터 이복형의 매질이 시작되었습니다. 정말이지 수도 없이 얻어맞았습니다.

가족에게 버림받는 일은 큰 상처입니다. 저는 누군가에게 어린 시절부터 버림받는 경험을 하라고 말하고 싶지는 않습니다. 하지만 언젠가 상처를 보듬을 나이가 되면 한 번쯤 좌절을 겪는다 해도 무너지지 않는 힘을 기를 수 있습니다. 가끔 모든 사람들이 따뜻하게 대해주기만 한 채로 자란 사람들을 봅니다. 온실 속 화초처럼 이들은 조그마한 바람과 약간 뜨거운 햇살에도 좌절하고 절망해 포기하곤 하더군요.

하지만 저는 그 어떤 강풍이 불어도 어떤 메마른 가뭄에도 끝까지 살아남을 자신이 있습니다. 이런 자신감은 상처가 존재했기 때문에 가능한 일이라고 생각합니다. 그래서 이렇게 말하고 싶습니다. 언젠가 한 번쯤은 버림받는 일에 익숙해지는 시기를 겪어야만 한다고. 그 경험이 당신의 성공을 보장할 것이라고 말입니다.

🌱 돈의 가치를 깨닫다

누군가는 물질적인 가치란 건 행복감과 무관하다고 이야기합니다. 과연 그럴까요? 물질적인 부를 아예 포기한 좌절감의 표현이거나 그와 반대로 실패라는 것을 모르고 살아온 사람에게나 가능한 이야기일 것입니다. 돈이 없어 당하는 설움을 한 번이라도 겪어보면 물질에 초탈한 것처럼 살기 어렵습니다.

물론 인생의 목적이 돈이 될 수는 없습니다. 우리는 행복하기 위

해 삽니다. 그런데 이런 행복을 온전히 누리기 위해선 최소한의 부
는 필요하다는 게 제 생각입니다.

어린 시절 가장 인기 있던 아이들의 장난감은 '스카이콩콩'이라
는 놀이기구였습니다. 스카이콩콩은 긴 막대에 스프링이 달려있는
기구로써, 두 발을 올려놓고 캥거루처럼 통통 뛰는 놀이기구입니
다. 얼마 전 한 케이블 방송에서 김연아 선수와 소트니코바의 경기
를 스카이콩콩으로 패러디한 드라마를 보면서 어린 시절 생각이 참
많이 났습니다.

이복형과 동생에겐 스카이콩콩이 있었지만, 저는 없었습니다.
얼마나 갖고 싶었는지 모릅니다. 동네가 떠나가도록 시끄럽게 떠
드는 아이들 속에서 나도 스카이콩콩을 오래 탈 수 있다는 걸 보여
주고 싶었습니다.

하지만 이복형과 동생, 다른 아이들은 제게 눈길도 주지 않았습
니다. 저는 담벼락에 숨어서 지켜볼 수밖에 없었습니다. 친어머니
도 아닌 큰어머니가 사줄 리 만무했고, 아버지는 제게 관심조차 없
었기 때문입니다. 친아버지의 삶속에 저라는 존재는 없었습니다.
스카이콩콩이 없다는 사실도 슬펐지만, 그보다 아이들과 함께 놀 수
없다는 게 더 억울했습니다.

동네 아이들이 "넌 누구냐?"라고 물었지만, 저는 아무 말도 하
지 못했습니다.

제가 누구였을까요? 어디서 왔을까요? 아버지는 누구고, 어머니

는 누구인가요? 제 스스로에게 물었지만, 저 역시 제가 누구인지 제 자신도 알 수 없었습니다. 그래서 대답도 하지 못하고 동네 아이들과 어울리지 못했습니다.

초등학교 1학년 때부터 시작된 전학 생활은 6학년 때 잠깐 멈춰져 친어머니 집에서 중학교 시절을 보냈고 다시 고등학교 일 년을 친아버지 집에서 보냈습니다. 그 시간 동안 초등학교 1학년 때부터 시작되었던 전학 생활로 인해 쌓인 가슴속의 울분을 풀 데가 없었습니다. 스카이콩콩은 물론, 어디를 가도 나의 물건과 공간이 없었습니다. 제게 동정 이외의 관심을 주는 사람은 아무도 없었습니다.

정기적으로 친아버지와 친어머니 집을 오가며 생활했기에 학교에서 친구를 사귈 수도 없었고 전학할 때마다 꼭 싸움을 하게 되었습니다. 친구들과 싸우면서 속으로 '난 부모로부터 버림받았다. 그래서 난 억울하고 넌 내 억울함을 풀기 위해 맞아야 한다'는 다소 엉뚱하고 위험한 생각을 했습니다.

이복형의 폭력은 노골적이었습니다. 어느 날은 이복형이 친어머니가 보내준 위인전을 읽고 독후감을 입으로 말하라고 했습니다. 친어머니가 딸려 보내주신 위인전을 소리 내어 읽게 한 후 구전으로 책의 내용을 말하지 못하면 허둥거리는 저에게 매질을 하는 식입니다. 읽을 리 만무한 상황이었는데 말이죠. 읽으면서 더듬거린다고 맞았고, 읽고 난 후에는 내용을 제대로 표현 못했다고 맞았습니다. 그 기억 때문인지 한동안 책에 대한 공포와 두려움이 있었습니다.

지금도 그때의 기억이 두렵게 느껴질 정도입니다.

이복형에게 맞으면 그 화풀이를 친구들에게 했으며 그 대가는 선생님에게 그대로 돌려받았습니다. 부모에게 관심 받지 못하는 자식이 관심을 받고 자라는 자식을 때렸으니 결과는 뻔했습니다. 학교에서도 집에서도 눈치만 보게 되었습니다. 어느 곳에도 나에게 관심을 주는 사람은 없었습니다.

때리는 이복형이 무서웠지만 그렇게 싫지는 않았습니다. 당시에 매질을 심하게 당하면서도 형이 왜 좋았는지 잘 모르겠습니다. 형은 동네에서 나 때문에 수군거리는 게 싫어서 때린다고 말했고 이복동생도 형의 명령으로 나에게 똑같이 심하게 말하며 거칠게 행동했습니다.

이들의 행동은 거칠었지만 저는 이들과 친해지고 싶었습니다. 당시 아현초등학교는 유료급식을 했습니다. 밥과 국 그리고 반찬이 풍족하게 나왔고 빵과 우유도 함께 나왔습니다. 저는 빵과 우유를 남겨 놓았다가 하교하면 형에게 가져다주었습니다. 형에게 환심을 사기 위해서였습니다. 그런데 급식을 가져다주면 급식을 가지고 왔다고 때렸고, 급식을 가져오지 않으면 또 가져오지 않았다고 맞았습니다. 그렇게 하루하루가 얻어터지는 날들의 연속이었습니다.

한 번은 친어머니가 준 돈으로 동네 아이들에게 환심을 사려고 과자를 사서 나눠주다가 도둑이라고 맞은 일도 있었습니다. 전에 동네 선망의 대상이었던 슈퍼마켓 가게 아들이 저를 좀 심하게 약 올렸던 일이 있었습니다. 그래서 저는 아이들은 모아서 과자와 아이스크림을 사줬습니다. 주목 받고 싶었기 때문입니다. 그 모습을 이복형이 보았고 슈퍼마켓 가게 형과 짜고 저를 도둑으로 몰았습니다. 큰어머니가 저를 대변하면서 나중에 오해는 풀렸지만 동네사람들은 여전히 저를 문제아라고 생각했습니다.

그때는 초등학교에서 급식횟수로 아이들을 평가했습니다. 당시에 급식이 매우 비쌌는데 첫 달에는 큰어머니가 돈을 내주셨지만, 그 다음부터는 제 용돈으로 급식비를 해결했습니다. 선생님이 자주 아이들 이름을 부르면서 몇 번씩 급식을 했는지 점검했고 육성회비와 준비물을 가져오지 않으면 심하게 때렸습니다. 아마 그때부터 주머니에 돈이 떨어지면 안 된다는 생각에, 악착같이 돈에 집착했던 것 같습니다.

수없이 많은 차별을 겪었지만 그 과정에서 한 가지 배운 점도 있습니다. 장사하는 사람이 꼭 알아야 할 돈의 가치를 배운 것입니다. 만약 제가 스카이콩콩을 살 수 있는 돈이 있었다면 어땠을까요. 아마 동네 친구들은 제 스카이콩콩을 타기 위해서라도 제게 접근했을 것입니다. 만약 초등학교에서 제가 육성회비를 내고 준비물을 항상 가져오는 아이였다면 어땠을까요. 아마 선생님은 저를 때리거나 문제아로 인식하지 않았을 것입니다.

돈은 사람을 이상하게 만들기도 하지만 가끔은 사람의 가치를 더해주기도 합니다. 물론 당시에는 이런 돈의 속성을 깨닫지는 못했습니다. 하지만 한 가지 생각은 할 수 있었습니다.

'만약 내가 돈이 있었다면 어땠을까?'

✔ 절망하지 않으려면 냉철해져야 한다

친아버지 집으로 가기 전 불광초등학교에서의 첫 소풍날. 기대도
안 했지만, 예상대로 친어머니는 제 소풍에 오지 않았습니다. 직장
때문에 바빠서 올 수가 없다고 말했습니다. 초등학교에 입학하면서
친어머니와 친아버지는 제 존재 때문에 갈등이 깊어졌습니다. 이미
이혼한 상태에서, 저는 새 삶을 살려는 어머니에게는 가장 큰 짐이
었고 본부인과 살고 있는 친아버지에게는 들추고 싶지 않는 과거의
증거물이었습니다. 또한 어머니는 직장 생활 때문에 제게 신경을 쓸
겨를이 없었습니다.

그렇게 혼자 맨 뒤에서 목욕탕 가방을 들고 서있었는데, 갑자기
어머니 동생인 쌍둥이 이모가 나타나서 가방이 이게 뭐냐며 울먹였
습니다. 항상 냉정했던 이모도 목욕탕 가방을 소풍 가방이라고 들고
집을 나서던 제가 안타까웠던지 슬쩍 울음을 보였던 기억이 납니다.
이모는 잠시 뒤에 소풍 가방을 들고 나타났고 바나나도 샀습니다.
전 이모가 우는 것보다 귀한 바나나가 가방에 들어있다는 사실에 어
깨가 으쓱해졌습니다. 친구들에게 바나나를 가져왔다고 자랑할 생

각에 기분이 좋았습니다. 이모가 소풍 가방을 바꿔주고 바나나를 사 줬던 일을 아이들에게 뽐내며 좋아했던 기억이 납니다.

어쩌면 어린이가 당연히 '어린아이처럼' 좋아해야 함에도 불구하고, 저는 그때, 정말 드물게 '어린아이처럼' 좋아했습니다.

이후에 친아버지 집으로 가게 되었는데, 제일 편했던 시간은 등 하교 시간이었습니다. 집에 가도 힘들고 학교에 가도 힘들었기에 혼 자 있을 수 있었던 그 시간이 편안했습니다. 그래서 일찍 나가고 천 천히 멀게 돌면서 등하교를 했습니다.

이복형제에게 치이고 아버지에게 치이던 생활이 이어지자, 하루 는 학교에 가던 중 친어머니가 너무 보고 싶었습니다. 그래서 어느 날에 버스를 타고 친어머니 집으로 도망갔습니다.

갑작스레 찾아온 저를 보고 친어머니는 많이 울었습니다. 하지만 따뜻하게 안아주지는 않았습니다. 아마 여기서 저를 안아주면 평생 저를 데리고 살아야 한다는 압박감이 있었나 봅니다.

어머니의 그런 작전은 제게도 통했습니다. 저는 더 냉철한 마음 을 갖게 되었습니다. 제가 찾아간다고 어머니가 따뜻하게 저를 안아 주지는 않는다는 사실을 알게 되었기 때문입니다. 그리고 살아남기 위해서는 더 차가워져야 한다고 생각하게 되었습니다.

자연스럽게 친어머니와 다시 살게 되었습니다. 제게 밥을 먹여주 는 사람이 있다는 것, 그것만으로 만족하기로 했습니다.

예전보다 차가운 사람이 되기로 다짐했지만, 어머니가 아직 저를 버린 게 아니기 때문에 언젠가는 어머니와 함께 살게 될 거란 믿음까지 아예 버린 건 아니었습니다. 그렇지만 어머니가 진짜 '나를 버렸구나'라고 생각하게 된 건 초등학교 2학년 때입니다.

두 살 많은 사촌형과 야구를 하고 있었습니다. 제가 초등학교 2학년 때부터 프로야구가 개막해서 당시 아이들은 야구에 열광했습니다. 어디를 가도 눈치를 보면서 살았던 탓에 운동신경이 둔하지 않았지만 실수를 해서 게임에 방해가 되면 어쩌나 걱정을 했고 그로 인해 게임을 해도 집중하지 못했던 기억이 납니다.

초등학교 2학년 어느 날 사촌형이 제게 불쌍하다고 말했습니다. 모두들 돌아가고 나면 혼자서 상상놀이를 했는데 그게 불쌍했던 걸까요. 평소 제게 무관심했던 사촌형의 불쌍하다는 표현이 오히려 당황스러웠습니다. 무표정하게 야구공을 다시 던지려는데 사촌형은 저를 물끄러미 보더니 이렇게 물었습니다.

"오늘이 무슨 날인지 아냐?"
"아니, 몰라."

사촌형은 잠시 말문이 막힌 듯 내 눈을 바라보다가 이윽고 조심스럽게 한마디 던졌습니다.

"네 엄마 결혼식하는 날이야."

이미 버렸던 어머니라고 생각했지만 눈물이 눈에 가득 고였습니다. 저는 고인 눈물이 부끄러워 울지 않으려고 했습니다. 고인 눈물은 결국 흘러내리지는 않았습니다. 던지려던 야구공을 떨군 채 고개를 숙이고 한참을 앉아 있었습니다.

다른 것보다 사촌형의 눈빛이 싫었습니다. 동정심 가득한 눈으로 바라보는 그 눈빛이 싫었습니다. 마지막으로 믿던 어머니가 제 마음속에서 영영 떠나버린 날이었습니다.

그날 이후 저는 더욱 냉철해졌습니다. 웬만한 일에도 울거나 떼를 쓰지 않았습니다. 한 가지 교훈을 얻었기 때문이죠. 이 차갑고 냉정한 세상에서 살아남기 위해서는 뼛속까지 냉철해야져야 한다는 교훈 말입니다.

🌱 부당한 폭력과 무관심을 대물림하지 말라

며칠 뒤 새아버지의 딸이라면서 눈이 커다란 여자아이가 저를 보러 왔습니다.

그 여자아이는 저를 오빠라고 부르면서 잘 따랐습니다. 저는 겉으로는 무심했지만 속으로는 그 아이가 미워서 견딜 수가 없었습니다. 동네 구경 시켜주라며 친어머니는 여자아이와 함께 제 등을 떠밀었습니다. 싫었습니다. 같이 있기도 싫은데 동네 구경까지 시켜

주라니요.

어머니 말을 거역하지 못해 동생과 함께 나왔지만 마음이 편치 않았습니다. 저는 매우 빠른 걸음으로 앞서서 걸었습니다. 몇 분이 채 지나지 않아 뒤따라오던 동생은 넘어지면서 무릎에 피가 났습니다. 동네가 떠나가라 엉엉 우는 소리를 듣고 어머니가 뛰쳐나왔습니다. 어머니는 불같이 화를 냈습니다. 길길이 날뛰는 어머니를 보면서 저는 조그만 소리로 말했습니다.

"죄송합니다."

하지만 마음속으로는 내가 왜 죄송한지 도무지 이해할 수 없었습니다.

그일 이후 전 다시 친아버지 집으로 갔습니다. 그리고 초등학교 3학년 때, 친아버지는 저를 다시 어머니에게 보내버렸습니다. 제가 자꾸 버려진다는 사실을 알게 된 저는 무표정하고 조용한 아이로 변해버렸습니다. 친척어른들은 그런 저를 어른스럽다며 칭찬했습니다.

하지만 뒤로는 불쌍하다는 말을 흘리고 다닌다는 것쯤은 아무리 어리더라도 알 수 있었습니다. 친척들은 위로의 말 이외엔 그 어떤 말도 하지 않았습니다. 관심의 첫 단어가 '불쌍하다'였고 그 말 이외에 나를 표현할 수 있는 것은 없었습니다. 이곳에서 제 목표는 단 하나, 여기서 다시 한 번 버려지지 않는 것이었습니다.

어쩔 수 없이 또다시 친아버지에게 보내지는 상황을 받아들여야 했던 밤. 친아버지 집에 가면 이복형이 또 때릴까봐 겁이 났습니다. 그래도 어머니 집에서는 얻어맞지는 않았는데 하고 후회했습니다. 하지만 이복형이 싫지는 않았던 만큼 혹시나 더 친해질 수 있지는 않을까 기대되기도 했습니다. 아마 여기저기 떠도는 버림받는 인생이 이때부터 체질이 되어버렸나 봅니다.

다시 찾아간 아버지 집은 그 전보다 약간 달라져 있었습니다. 중학생이 된 형은 학교에 있는 시간이 매우 길었습니다. 때문에 저를 볼 시간이 크게 줄었습니다. 저도 성장했지만, 이복형은 더욱 늠름하고 멋있게 변해 있었습니다. 학대하는 대신, 무관심했고 말조차 걸지 않았습니다. 동정도 사랑도 아닌 무관심이 더 무서웠습니다.

어머니는 그래도 자신의 뱃속에 열 달 동안 저를 품었기에 일말의 책임감을 느끼며 미워하였지만, 아버지에게 저는 아예 무관심의 대상이었습니다.

해외 출장이 잦았던 친아버지를 가족들은 종종 공항에 나가 마중했습니다. 큰어머니와 이복형제들은 아버지를 마중하기 위해 공항으로 매번 갔지만, 저는 결코 단 한 번도 데려가지 않았습니다. 큰어머니의 형제들인 이모 삼촌들과 함께 저는 언제나 집에 남아 있어야 했습니다. 공항으로 가고 싶다고 감히 말을 꺼내지도 못했습니다.

어째서 말도 꺼내지 못했냐고요. 바로 아버지의 차가운 눈빛이 떠올랐기 때문입니다. 친아버지는 언제나 차갑지도 따뜻하지도 않는 눈빛으로 저를 보았습니다. 아니 눈조차 맞춰주지 않았습니다. 그런 눈을 가진 사람이 공항에서 저를 보고 뭐라고 할지 두려웠습니다. 비행기에 태워 저를 이상한 곳으로 보내버릴까 두려웠습니다.

아무리 생각해봐도 저는 부당한 대우를 받으면서 유년시절을 보낸 것 같습니다. 자식은 부모를 닮아간다고 합니다. 하지만 저는 언제부턴가 늘 마음속으로 이런 부당한 대우를 아이들에게 절대 대물림하지 않겠다고 다짐했습니다.

저는 4명의 여자와 5명의 자식이 있었던 아버지가 제게 사랑을 나눠주지 않는 이유를 고민해보기도 했습니다. 아마 마음속에 사랑을 나눠야 할 대상이 많은 사람이었기 때문이었을까요? 아니면 자신만을 사랑하는 이기적인 사람이기 때문이었을까요? 중요한 건 지금의 저는 제 아버지와는 다른 사람이라는 사실입니다. 저는 제가 두 아들에게 큰 사랑을 주기 위해 매일매일 노력하고 있고, 제 두 아들이 저처럼 크지 않고 있다는 사실이 너무나도 감사할 뿐입니다.

내 안의
틀을 벗어나

어린 시절 저는 정말 필요한 게 한 가지 있었습니다. 어머니, 아버지도 아닌 바로 관심이었습니다.

아버지든, 어머니든, 이복형제든, 이모든 아니 친인척이 아니더라도 세상 그 어느 누구라도 단 한 명이라도 제게 관심을 주었다면 저는 그토록 슬퍼하지 않았을지도 모릅니다. 그 누구에게든 따뜻한 관심을 받고 싶었습니다.

관심을 받고자 했던 행동들이 독이 되어 돌아온 적도 많았습니다. 도리어 저에 대한 관심을 사라지게 만들어 저를 절망하게 했죠. 일련의 일을 겪으면서 저는 관심을 받기 위해서 제일 먼저 해야 할 행동은 바로 '내 안의 틀을 벗어나는 것'이라는 걸 깨달았습니다.

관심을 받고 싶어서 학창시절에도 그렇게 방황했던 것 같습니다. 학교에서 문제를 일으키자 아버지는 견디다 못해 결국 다시 친어머니에게 저를 보내버렸습니다. 저는 또다시 버려지면서 이렇게 묻고 싶었습니다.

"왜, 도대체 왜?"

하지만 한마디도 하지 못한 채 다시 버려졌습니다.

❧ 절망할 때마다 나를 잡아준 한 조각의 기억

초등학교 5학년은 제 인생에서 잠시 평화롭던 쉼표 같은 시절이었습니다. 친어머니도 다시는 새아버지에게 가지 않아도 된다고 했고 저는 안정적으로 친구를 사귀게 되었습니다.

당시 피부병을 앓던 친구가 집을 나가자고 했습니다. 저는 특별한 이유가 있었던 것도 아닌데 그 친구가 가여워서 친구를 따라 나섰습니다. 가출이라고 해도 특별히 대단한 건 아니었습니다. 그냥 인천까지 전철을 타고 가서 이틀 밤을 묵고 집으로 돌아왔습니다.

당시 건선이라는 피부질환을 앓던 그 친구는 일주일에 두 번 서울 종로구 평동에 있는 서울적십자병원에 가서 약을 타야 했습니다. 당시 약은 지금의 약보다 독하고 종류도 많아서 매우 괴로워하곤 했습니다.

　그날도 그 아이가 약을 타러 가던 날이었습니다. 약값으로 받은 돈도 넉넉히 있으니 집을 나가자고 제게 제안하더군요. 요즘은 건선이 많이 알려진 피부질환이지만 당시에는 희귀병이라며 기피하는 사람도 많았습니다. 얼굴에 심한 여드름 같은 상처와 종양 때문에 아이들이 기피했고 항상 혼자였기에 제 모습처럼 느껴져서 측은했습니다. 그래서 제가 관심을 보이고 말을 걸자 해맑게 웃으며 제 얘기에 관심을 보였습니다.

　그 아이는 바다를 보고 싶다며 인천에 가자고 했고 혼자 보낼 수 없어서 따라 나섰습니다. 버스를 타고 종로까지 간 다음 전철을 타고 인천항에 도착했습니다. 큰 횟집 앞에 대형 유리 속에 비춰진 친구의 웃는 모습을 보면서 기분이 좋아졌습니다. 항구 이곳저곳을 헤매다 피곤해지자 횟집의 개집으로 들어가 잠을 청했습니다. 그곳에서 하루를 보냈고, 이튿날은 인천의 재래시장들을 구경한 뒤 한 재래시장 이불집 구석에서 박스를 깔고 잠을 잤습니다.

　이렇게 이틀이 흘렀죠. 참 순수했던 잊을 수 없는 기억입니다. 이날은 제가 나중에 자꾸 삐뚤어진 길로 가려고 할 때 저를 다시 올바른 궤도로 회귀할 수 있게 마지막까지 저를 잡아준 기억이 되었습니다. 계속 집에 가기 싫었지만 다음날은 친구가 약을 먹어야 했기에 어쩔 수 없이 집으로 돌아왔습니다. 집에서 크게 혼이 날 것이라고 예상했지만 오히려 따뜻한 관심을 받았습니다.

누군가는 말합니다. 가출은 삐뚤어진 길이었다고. 하지만 제게 그 가출은 오히려 정반대였습니다. 그런 순수한 기억이 있었기에 후일 삐뚤어질 때마다 저는 제자리로 돌아올 수 있었습니다.

🌱 시행착오를 두려워하지 말라

가출 후 되돌아온 바로 그날. 저는 처음 알게 된 것 같습니다. 제게 가장 필요한 건 그 누군가의 따뜻한 관심이었습니다. 동정이 아니라 관심이 필요했고 누구에게든지 따뜻한 관심을 받고 싶었습니다.

하지만 관심을 받으려면 어떻게 해야 할지 전혀 몰랐습니다. 그 래서 우선 친구들부터 관찰하기 시작했습니다. 어떤 친구들이 인기가 좋은가 유심히 관찰해보니 유머가 있는 친구들이었습니다. 그때부터 수업시간에 친구와 선생님을 웃기려고 노력했습니다.

친구를 웃겨서 인기를 얻겠다는 생각은 건선을 앓던 친구의 웃는 모습 덕분에 생각하게 되었습니다. 그 친구는 제가 말하거나 행동하는 걸 재미있다고 했고, 항상 저에게 대단하다면 치켜세워주었습니다. 그러자 저는 다른 친구들에게도 인정받고 인기 많은 친구가 될 수 있겠다고 생각했습니다. 그렇지만 유명 연예인을 따라하거나 코미디언 흉내를 낼 정도로 끼가 있었던 건 아니라서 주로 선생님께 엉뚱한 질문을 하였습니다. 분명히 웃기다고 생각해서 질문을 하면 썰렁해져서 수업 분위기를 망치게 되었고 선생님께 문제 있는 아이로 찍혔습니다. 수업을 방해한다고 매를 맞기 일쑤였습니다.

웃기는 재주는 없는 것 같아서 방법을 바꿨습니다. 일기장에 나를 과장시키기 시작했습니다. 어떤 날은 제가 마치 매우 부잣집에서 자란 사람인 것처럼 표현했고, 또 며칠 뒤에는 밥을 굶었다고 했다가, 며칠 뒤에는 집을 나가 가출하겠다는 결심을 일기장에 적어서 제출하기도 했습니다.

이 역시 오히려 부작용이 컸습니다. 선생님은 저를 정서가 불안정하고 거짓말하는 아이로 인식했습니다. 무관심하던 선생님들까지 저를 혼냈습니다. 선생님은 제 이런 행동이 계속되자 친어머니를 모시고 오라고 했습니다. 하지만 새아버지가 전시회와 작품 활동으로 자주 집을 비웠던 탓에 친어머니는 학교에 올 수 없었습니다.

한 해가 더 흘렀습니다.

친어머니 집에 살던 시절이었습니다. 관심은 부족했지만 평온했던 이 시절을 결코 뺏기고 싶지 않았습니다. 다섯 살 이후 혼란스럽고 변화무쌍했던 시절 중에서 그 시절이 그나마 가장 변화가 적었던 시절이기 때문입니다.

마침 학교에서 짝꿍이었던 친구가 제 집안사정을 알고서 따뜻한 관심을 보였습니다. 그 친구 어머니가 저를 집으로 초대하는 일까지 벌어졌습니다. 혹시나 친구와 놀지 못하게 하려나 걱정했지만 오히려 따뜻하게 대해주셨던 기억이 납니다.

짝꿍이었던 친구의 형은 고려대에 차석입학을 했고 누나는 숙명여대 수석입학을 할 정도로 형제들이 머리도 좋았다고 들었습니다. 친구의 아버지도 꽤 큰 사업을 했나봅니다. 짝꿍의 집은 각각의 방에 에어컨이 있었고 외제 햄과 과자를 내놓고 대접할 정도로 잘 살았습니다. 다행히 친구 어머니는 대견하다며 친구와 사이좋게 지내고 자주 놀러오라고 하셨습니다. 나중에 여쭤보니 그 친구 어머니도 비슷한 아픔을 겪은 경험 때문에 제게 희망을 주고 싶었다고 합니다. 제가 그토록 갈구하던 첫 번째 관심이었죠.

친구 어머니는 친어머니 대신 담임선생님께 제 이야기를 해주시고 지속적인 관심을 주시도록 했습니다. 당시 짝꿍 어머니는 담임선생님께 제 몫까지 촌지를 주셨지만, 담임선생님께서 이를 모두 거절하시고 반 전체 아이들에게 평등한 관심과 사랑을 주었습니다. 하지만 짝꿍에게는 조금 특별한 눈빛을 보이셨는데, 그 모습이 당연하다고 생각하면서도 약간 질투를 느끼기도 했습니다.

하여튼 담임선생님 또한 따뜻한 미소로 차별 없는 관심을 주었던 기억이 납니다. 일기장에 거짓말을 잔뜩 써놓아도 저를 다독여 주셨고 제 말과 행동에 변함없는 애정을 보여주셨습니다. 친구 어머니와 선생님은 어머니, 아버지, 가족 그 누구도 하지 못한 일을 해냈습니다. 바로 제게 자그마한 웃음을 준 것입니다. 이때야 비로소 어린 얼굴에 미소가 살아났던 것 같습니다.

제가 만약 집에서의 일만 떠올리면서 좌절하고 있었다면 어땠을까요?

아마 어린 시절 웃었던 날이 거의 없었을 것이고, 나중엔 웃는 방법조차 몰랐겠지요. 관심도 중요하지만, 먼저 어떤 것이든 노력하는 모습을 사람들에게 보여줘야 합니다. 저 또한 이런 마음을 갖고 시행착오를 거치는 과정 중에 사람들의 관심을 받게 되었고, 미소를 되찾았습니다.

🌱 잉여인간

언제쯤이었을까요. 매우 어려서 잉여剩餘라는 한자어를 몰랐던 시절. 누군가 제게 잉여인간이라고 하는 말을 들었습니다. 그게 뭔지 몰라서 아무런 감정도 없었는데, 어느 날 그 뜻을 알게 되었습니다.

'왜 나를 버렸어요?'
'왜 나를 떠났어요?'

수도 없이 친아버지와 친어머니 집을 오가면서 항상 마음속으로 질문했습니다. 그러나 아버지와 어머니는 곁에 있었지만 저에게 눈길도 관심도 주지 않았습니다. 같은 공간에 있었지만 따스하지도 차갑지도 않았습니다. 전 그들에게 귀찮은 장애물일 뿐이었습니다.

잉여인간이라는 단어를 처음 알게 되었던 날, 거울속의 저와 함께 소리 내어 울었습니다. 슬프게 울었습니다. 가슴이 먹먹했습니다. 정말이지 너무도 억울했습니다. 잉여인간은 저를 표현하는 유일한 단어 같다는 생각을 했습니다. 잉여인간이라는 단어가 뇌리에서 떠나지 않았습니다.

아무에게도 위로 받을 수 없었기에, 거울속의 저와 함께 소리 내어 울었습니다. 더 억울한 것은 남이 아닌 제 자신에게 위로 받아야 한다는 사실이었습니다. 누군가에게 위로받지도 못하는 잉여인간이라는 사실이 너무나 억울했습니다. 저는 언제나, 어디서나, 누구에게나 버림만 받는 존재였습니다. 저는 억울한 잉여인간 그대로의 모습이었습니다.

제가 잉여인간이라는 사실을 알게 되었을 때 물론 큰 상처가 된 것이 사실입니다. 하지만 지금 와서 돌이켜보니 제가 잉여인간이라는 사실을 깨닫고 살아간 것이 제 인생의 성공에 있어서 상당 부분 중요한 작용을 한 것 같습니다.

최선을 다해 노력하지 않으면 단 한 순간도 마음이 편치 않았습니다. 두려움이 커질수록 불안했고 제 몸을 혹사시켜 노력할 때 비로소 마음이 편안해지는 사람이 아닌가 생각될 정도였습니다. 그때부터 행복한 일이 생길 때면 불행한 일을 생각하며 감정을 자제하는 버릇까지 생겼습니다.

이런 저의 모습은 비록 행복하지는 않았지만 결과적으로 제가 성공하는 데 큰 영향을 미쳤습니다. 세상살이는 만만한 게 하나도 없습니다. 뭐든 최선을 다해 노력하지 않으면 단 하나도 이뤄낼 수 없습니다. 아주 사소한 것 하나라도 이뤄내기 위해서는 최선을 다해 노력해야 한다는 교훈. 그것은 제가 잉여인간이라는 사실을 스스로 깨달았기 때문에 얻을 수 있었던 교훈이었습니다.

제가 잉여인간이라는 사실을 스스로 깨닫고 살아가는 과정에서 저를 위로한 것은 한 편의 소설이었습니다. 세계적인 명마 '시비스킷Sea Biscuit(선원용 건빵)' 이야기죠.

21전 20승을 이룬 명마 '맨 오 워Man o' War'의 손자 말이지만, 시비스킷은 어릴 때부터 제대로 조련을 받지 못했습니다. 덩치가 작고 다리는 구부정했으며 성품은 길들여지지 않아 명마로 자라나기에는 선천적으로 타고나지 않았다고 판단되었기 때문입니다.

그런데 이 못난이 경주마는 기수 레드 폴러드와 조교사 톰 스미스를 만나면서 달라집니다. 후일 5만 마일이 넘는 철도여행을 강행하면서 전국 최고의 경주마들을 차례로 거꾸러뜨리는 명마가 됩니다. 미국의 인구가 현재의 절반에 못 미치던 시기에, 지금의 슈퍼볼 관중 수에 육박하는 7만 8000여명이 시비스킷의 마지막 경주를 지켜보았습니다. 단순히 연습하는 모습을 보기 위해 4만 여명의 군중이 트랙으로 몰려 나왔을 정도로 인기마로 기록되어 있습니다. 시비스킷이 출전하는 경주는 매번 관중 신기록을 갱신했으며, 미국 경마 역사상 최다 관중 기록 상위 3개 중 2개를 시비스킷이 수립했습니다.

로라 힐렌브랜드Laura Hillenbrand가 소설로 써서 화제가 된 시비스킷 이야기는 제가 지금까지 읽었던 책 중 가장 감동을 받은 책입니다. 시비스킷의 어린 시절을 보면서 제 어린 시절이 떠올랐기 때문입니다.

시비스킷은 항상 똑바로 서있는 것조차 힘들어 보이는 구부정한 앞무릎을 가진 작은 적갈색 경주마였습니다. 무관심과 홀대 속에서 두 시즌 이상을 최하위 등급의 경주에서 허우적댔고 그의 기수였던 레드 폴라드 역시 비슷한 존재였습니다.

하지만 조교사였던 톰 스미스와 주인 찰스 하워드를 만나면서 숨겨진 재능을 찾을 수 있었습니다.

한 마리의 조랑말이 일으킨 기적을 보면서 저도 그렇게 달라질 수 있다고 생각했습니다. 저를 시비스킷 같은 불운하지만 좋은 유전자를 가진 사람으로 상상했고 조련사는 제 자신이 되어서 좋은 길로 가는 모습을 꿈꾸었습니다. 이복형제들보다 못난 제 외모를 위로할 수 있었습니다. 작고 구부정한 다리를 가진 못난이 말이었지만 시비스킷이 성공한 것처럼 저도 성공할 수 있다는 희망을 가졌습니다.

혹자는 시비스킷이 원래 재능이 있었던 말이기 때문에 가능했다고 말할 수 있습니다. 하지만 저는 시비스킷의 재능을 찾아내고 훈련시킨 주변 사람들이 있었기에 시비스킷의 성장은 더 의미가 있다고 생각합니다.

소설 속에서 시비스킷이 성공할 때마다 속으로 쾌재를 불렀고 제 자신을 돌아보면서 제 아픈 상처를 어루만졌던 기억이 납니다. 그렇게 저는 스스로 잉여인간이라는 아픔을 달랠 수 있었습니다.

저는 두 번 태어났다고 생각하면서 살고 있습니다. 이 순간이 첫 번째라면, 아픔과 억울함을 내 아이들에게는 물려주지 않겠다고 다짐하게 된 순간이 제 두 번째 삶이자 바로 진정한 제 삶의 시작입니다. 저는 아이들을 교육할 때 이 순간을 항상 기억하려고 노력합니다.

첫아이의 심장소리를 듣던 날, 뺨을 타고 내리는 눈물을 닦으며 행복을 느꼈습니다. 그러나 좋았던 만큼 두려웠습니다. 아버지에 대한 사랑과 관심을 알지 못하는 제가 아버지 역할을 잘 할 수 있을까? 아무리 아버지를 부정하고 싫어해도 결국에는 아버지처럼 살아간다는 말이 있던데, 나또한 아이들에게 그런 사람이 되는 건 아닐까?

아이들은 부모의 뒷모습을 보면서 자랄 수밖에 없죠. 아이들은 결국 부모의 거울이니 아이들이 부모의 삶의 지표가 되고 스승이 될 수 있습니다. 전 세상에서 가장 좋은 아빠가 되고 싶지 않습니다. 모자란 아빠여도 상관없습니다. 하지만 세상에서 가장 행복한 아이를 만들고 싶은 소망은 있습니다. 이 두 문장은 비슷한 듯하지만, 저는 분명히 다르다고 생각합니다. 흔히 말하는 내 만족에 맞춰 아이를 바라보는 것이 아니라 아이의 관점에 생각하려 노력합니다. 그렇게 시간이 지나면 좋은 아빠보다는 행복한 아이를 만들 수 있는 부모가 되겠죠.

사실 평일에는 아이들과 함께 하는 시간이 거의 없습니다. 하지만 모든 고단한 일을 마치고 밤에 집에 도착하면 꼭 아이는 제 손으로 제가 씻깁니다. 아이들을 씻기면서 오늘 행복했던 순간과 가장 즐거웠던 일들 그리고 학교 급식 반찬에 대한 얘기를 나눕니다. 그리고 아내가 친한 친구 이름을 알려주면 제가 친구 이름을 부르면서 학교생활에 대한 관심을 가지려 노력하고 있습니다.

언젠가 아이들을 씻기면서 이런 생각이 들었습니다. 제 어두운 과거가 제 자녀들을 위한 교육 방향을 세우는 데 훌륭한 지침이 된다는 점 말입니다. 친아버지에게는 가장의 도리가 없고, 여자 문제가 복잡하면 얼마나 비극적인 삶으로 이어지는지를 알았고, 새아버지에게는 술과 사회생활의 중요성을 배웠습니다. 두 분과의 경험이 제 삶의 정체성과 방향을 올바르게 잡을 수 있는 소중한 교훈이 되었던 것입니다.

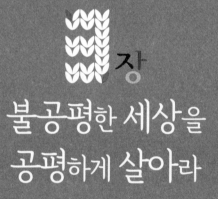

장

불공평한 세상을
공평하게 살아라

"

세상은 하루하루 불공평함의 연속입니다.
하지만 불공평함의 끝에 공평함이 기다리고 있습니다.
제 짧은 인생에서 저는 단연코 이런 말씀을 드릴 수 있습니다.
불공평한 세상의 끝엔 공평함이 기다리고 있다고요.

"

세상은 원래
불공평하다고 하지만

평등의 뜻은 '치우침과 차별이 없이 고르고 한결같다' 입니다. 그런데 과연 이 평등이라는 게 존재할 수 있을까요? 다시 말해, 완전히 치우침과 차별이 없는 일이 가능할까요?

물론 수학에서는 가능할 수도 있는 일입니다. 정확히 5대 5로 나누면 되니까요. 하지만 인간 세상에서는 불가능한 일이라고 봅니다. 자식 두 명이 있다고 합시다. 이 두 명을 완전히 평등하게 사랑하고 애정을 주는 일이 가능할까요? 세상은 우리에게 평등이 중요하다고 가르치면서도 실상은 평등하지 않습니다. 학교에 가면 1등부터 꼴등까지 줄을 세웁니다. 저 역시 어린 시절 이런 불평등 때문에 상처를 입었습니다. 그리고 조금씩 알게 되었습니다. 세상은 불평등하다는 사실을요.

지금까지 군대에서, 사회에서, 그리고 아르바이트를 했던 곳에서의 경험은 결국 불평등한 사실을 평등하게 만든 제 이야기였습니다. 군대에서는 특권을 누리는 계층의 중요성을 깨닫고 그만큼 노력해서 저 역시 어떤 위치에 오를 수 있었죠. 택시회사나 주류상에서도 불평등하긴 했지만, 작은 기회와 시간이라도 놓치지 않으려고 아등바등 한 덕분에 결국 1등도 해보고 인정도 받을 수 있었습니다.

하지만 제 어린 시절을 보면 그런 기회조차 없던 불평등한 삶이었습니다. 이번에는 여러분께 그 불평등을 들려드리고 싶습니다. 그리고 도무지 돌이킬 수 없는 불가항력적인 불평등에도 불구하고 저는 이렇게 이 자리에 서 있다는 점을 주지시키고자 합니다. 지금 어딘가에서 불평등한 현실에 괴로움을 겪고 있을 사람들에게, 당장 불평등한 것도 길게 보면 꼭 그렇지만은 않았다는 점을 말해드리고 싶습니다.

🌱 나에겐 평범하지 않았던 중학교 배정

구관舊官이 명관名官이라는 말이 있죠. 나중 사람을 겪어 봄으로써 먼저 사람이 좋은 줄 알게 된다는 말입니다. 중학교 시절에 비하면 초등학교 시절의 제 모습이 그야말로 구관이었던 것 같습니다. 그나마 평온하고 안정적이었던 6학년 시절은 점차 중학교 진학이 가까워질수록 불안하고 우울해졌습니다.

제가 6학년 시절을 보냈던 초등학교에서 학생들은 주로 인근 3곳의 중학교로 나눠 진학했습니다. 대부분 불광중학교, 연신중학교, 연천중학교 등으로 배정되었습니다.

세 학교 모두 지금 행정구역으로 보면 은평구에서 거리가 매우 먼 것은 아니었지만 학생들 사이에서는 호불호가 갈렸습니다. 이 중 연신중학교는 당시 남녀공학에 남녀 합반인 학교라서 가장 인기가 좋았습니다. 어렸을 때였지만 여전히 여자 아이들과 짝이 되는 게 은근히 좋다고 생각하던 시절입니다. 이에 비해 불광중학교는 남자중학교였기 때문에 인기가 좀 떨어졌고요. 지금도 그런지는 모르겠지만 당시에 가장 인기가 없던 곳은 아무래도 남학생만 다니는 불광중학교였습니다.

저는 연천중학교에 배정받습니다. 1984년 개교한 신설학교라서 당시 아는 사람들이 많지 않았습니다. 연천중학교는 당시 연신중학교에 비해서는 그다지 나을 게 없었지만 그래도 두 가지 장점이 있었습니다.

첫째, 신설 중학교라서 3학년 선배가 없었고 2학년 선배만 있었습니다. 지금 생각하면 우습지만 그래도 당시에 중학교에서는 나름 군기를 잡는 문화가 있었습니다. 선배가 한 명이라도 더 있다는 건 괴로운 일이 생길 가능성이 컸죠.

둘째, 연신중학교와 마찬가지로 연천중학교는 남녀공학이었습니다. 남녀공학이 아닌 학교에 다니는 남학생들을 보면 항상 치고받고 싸우고 다니기 일쑤입니다. 이에 비해 남녀공학에 다니는 남학생들은 부드럽고, 외모에 대한 관심도 많습니다. 어찌 보면 좋은 환경이라고 생각했던 것 같습니다. 물론 연천중학교는 연신중학교처럼 남녀 합반은 아니었습니다. 연신중학교가 남녀 합반이라서 제일 선망의 대상이었지만, 남자 중학교였던 불광중학교에 비하면 훨씬 좋은 조건이라고 생각했던 기억이 납니다.

그런데 문제는 저를 제외한 초등학교 시절 친한 친구들이 모두 연신중학교로 배정 받았다는 것입니다. 이상하게도 친구들과 달리 유독 저만 신설학교였던 연천중학교로 배정 받았습니다. 더욱이 저를 위해 처음으로 울어주었던 그 단짝친구도 연신중학교로 배정 받았다는 사실이 제게 상실감을 주었습니다.

뭐가 잘못된 것일까요. 어머니, 아버지에게 수도 없이 버림받으며 집과 학교가 정해지지 않아 정처 없이 떠돌아다녔지만 드디어 조금 친구들이 생겼다고 생각했는데 또다시 이별이라니요. 제 내면에 내재된 슬픔을 또다시 건드리고야 말았습니다. 저는 결국 다른 친구들과의 갈등이 다시 불거졌습니다.

저는 부모에게 관심을 받지 못했기 때문에 저를 좋아해주었던 한 친구에게 정신적인 의지를 많이 했습니다. 하지만 집 방향이 달라서 저와는 학교에서만 주로 시간을 보냈고 집 방향이 같은 다른 또 다른 친구와 친해질 수 있었습니다. 그 친구와도 같이 지내는 시간이 많아지면서 더욱 친하게 지냈습니다. 그런데 그 친구도 연신중학교로 배정 받았습니다.

그 이후 사소한 것으로 질투를 느끼며 싸움을 하게 되었고, 특히 공정하게 사랑을 준다고 느꼈던 담임선생님의 사랑도 의심하게 되었습니다. 선생님은 당시 조개탄을 태웠던 난로 앞자리에 그 친구를 앉게 했고 청소와 심부름도 좋은 건 그 친구에게 시켰습니다. 때문에 질투 아닌 질투가 났던 것이죠.

사소한 것으로도 괴로워하던 제 성격은 오랜 시간이 흘러서야 극복될 수 있었습니다. 이제와 깨달은 것은 나쁜 감정은 처음부터 갖지 않도록 해야 한다는 점이었습니다. 저는 어렸을 때 겪었던 일들을 교훈삼아 나쁜 감정이 들어도 긍정적인 생각으로 극복하고자 하였습니다. 나쁜 감정은 자신의 마음뿐만 아니라 주변 사람들의 마음까지 전염시킵니다. 저 또한 이를 알았기 때문에 어른이 된 후 더욱 감정을 통제하고 제어했던 것이죠. 뒤에 말하겠지만, 지나친 감정 컨트롤은 스스로에게 좋지 않은 결과를 불러일으키기도 했습니다.

🌱 불평등한 대우와 환경은 일단 받아들여야 한다

중학교 배정 이후 결국 일이 터졌습니다. 당시 선생님이 저를 포함해, 저와 가장 친한 두 친구에게 15만 원을 은행에 입금하고 오라는 심부름을 시켰습니다. 저는 셋 중 가장 주머니가 큰 점퍼를 입었기 때문에 돈을 제가 가지고 있었습니다.

문제는 그 돈을 사기꾼에게 빼앗긴 것입니다. 세 명이서 은행에 가는 길에 대해서 얘기하고 있는데, 주변에서 우리들의 대화를 들었던 한 어른이 갑자기 저를 불렀습니다. 그는 이렇게 말했습니다.

"내 동생이 돈을 잃어버렸는데, 너희들이 의심스럽다. 너희 그 돈 어디서 났어?"

우리는 선생님의 돈이라고 했지만 들을 리 없었습니다. 아마 어린이들의 돈을 빼앗으려고 꾸민 말인 듯합니다. 그는 우리들을 조용한 곳으로 불렀고 강제로 돈을 빼앗아 갔습니다.

우리는 "어떻게 하지?" 걱정하며 발을 동동 굴렀습니다. 선생님이 저희를 믿고 시킨 일인데 그 돈을 빼앗기다니 정말 큰일 났다고 생각했습니다. 그 돈은 친구 어머니가 변제를 해주려고 했으나 선생님께서 사양하신 걸로 알고 있습니다. 그 사건 이후 친구와 사이가 멀어졌습니다.

또, 저를 위해 처음으로 울어주던 그 단짝친구와도 싸우게 되었습니다. 예전 친어머니와 친아버지 집을 오고 가며 주변을 정리하는 과정에서 신경이 날카로워져서 친구들과 싸움을 했던 모습 그대로였습니다. 마음이 따뜻했던 그 친구는 마음속으로는 항상 저를 불쌍하다고 생각했고 저에게 관심을 주려고 했습니다. 그러나 저는 삐뚤어져서 그 마음을 받지 못했습니다.

중학교 1학년 여름방학이 시작될 때쯤 우연히 버스 안에서 그 단짝친구를 만났습니다. 서로 보는 순간 마음이 풀려서 다시 가까워질 수 있었습니다. 그 이후에는 그 단짝친구 덕분에 연신중학교 친구들까지 여러 명을 사귀게 되었습니다. 단짝친구가 제가 다니는 독서실로 옮기면서 다시 붙어 다니는 사이가 되었고 학교에서는 연천중학교 친구들과 사귀고 하교 후에는 연신중학교 친구들과 즐거운 시간을 보내게 되었습니다. 그 단짝친구는 현재도 연락처를 알고 지내는 사이입니다.

어릴 적 그 친구가 가장 부러웠던 건 학교 성적이었습니다. 학교는 달라도 중간고사와 기말고사 일정이 비슷하기 때문에 시험기간에도 같이 어울리면서 공부했습니다. 밤새 같이 놀고 시험공부를 안 했는데도 그 친구는 항상 우수한 성적이 나왔습니다. 알고 보니 형과 누나의 가르침이 있었고 평상시에 예습과 복습을 충실히 했기 때문에 좋은 성적이 가능했습니다.

그리고 제게 이렇게 조언한 적도 있습니다. 한 번은 윤리시험 공부를 하고 있을 때였습니다. 그는 제게 다가오더니 이렇게 말했습니다.

"여기랑 여기, 이 부분은 읽지 마. 시험에 절대로 나오지 않을 거거든. 이런 부분은 시험에 출제하기 어려워."

근사한 모습으로 여유로운 삶을 살 거라고 생각했던 단짝친구와 그의 가족들이지만, 그렇게 공부를 잘했던 그 형과 누나 그리고 단짝친구는 지금은 좀 어려운 시기를 겪고 있는 것으로 압니다. 알부자였던 단짝친구의 집은 아버지의 사업 실패로 평범하게 바뀌었습니다. 때문에 단짝친구도 신용불량자로 어렵게 살아가고 있습니다. 이런 모습을 보면서 저는 또 한 번 삶의 교훈을 얻습니다.

'성적과 사회생활은 전혀 다른 것이구나.'

워낙 똑똑한 친구이기 때문에 조만간 이런 어려운 생활을 벗어날 거라 믿습니다.
어찌됐든 저는 단짝친구와 많은 차이를 느끼고 때론 부러워하기도 했지만, 단짝친구와 막역한 사이로 지냈습니다. 그 친구와 제 가정의 차이를 받아들였기 때문입니다. 비록 성적과 성격이 다르고 가정사가 다르더라도 친구가 될 수 있습니다. 이는 사회에 나가서도 마찬가지입니다. 서로 비슷한 사람들끼리만 만나면 발전의 기회를 찾기가 어렵지만, 서로 다른 사람들과 어울리면 그 과정에서 본인이 부족한 부분을 깨달을 수 있습니다.

물론 본인이 부족한 부분을 깨닫는 과정에서 세상이 불공정하다고 느껴지기도 했던 게 사실입니다. 그럼에도 일단 불평등한 환경과 대우를 받아들이고 나면 그 친구로부터 배울 수 있는 점이 보이기 시작합니다. 이런 포용력을 가질 때 비로소 한 발 더 나아갈 수 있습니다.

🌿 괜한 고집 부려봤자 나만 후회한다

그렇게 저는 초등학교를 졸업했습니다. 졸업식 날도 돌이켜보면 불안감에 가득한 눈으로 맞았던 것 같습니다. 저는 중학교에 입학하면 친아버지에게 가야 하는 것으로 알고 있었습니다. 때문에 졸업식도 졸업을 축하하는 날이 아니라, 떠나야만 하는 날이었기에 불안하기만 했습니다.

어머니는 가지 않아도 된다고 안심하라고 했지만 저는 그때 제가 짐 같다는 생각을 하고 있었던 것 같습니다. 당시에 새아버지가 가장 왕성하게 활동하던 시절이라서 더욱 그런 생각이 강했습니다.

유일한 도피처였던 친구들과 헤어지기 싫었습니다. 하지만 졸업식장에서는 잠시 멀어진 친구들도 미웠고 졸업식장에 오지 못하는 친어머니도 싫었습니다. 이런 모습은 제 초등학교 졸업사진을 보면 그대로 드러납니다. 새파란 하늘에 만국기가 휘날리는 졸업 식장에서 다른 친구들은 모두 나란히 서서 예쁘게 웃으며 가장 친한 친구들과 사진을 찍었는데, 사진 안의 저는 엉뚱한 아이들 틈에서 기분 나쁜 미소를 보였습니다. 그 사진을 아직도 간직하고 있습니다.

그때 당시에도 '이러다 후회하겠다. 친한 친구들과 사진을 찍고 싶다'는 생각도 살짝 했지만 결국 그렇게 행동하지는 못했습니다. 이때 가장 친한 친구들과 사진을 찍지 않은 것을 저는 지금도 후회합니다.

괜한 고집이 돌이킬 수 없는 후회를 만든 것입니다. 사진 같은 사소한 것도 누군가에겐 작은 후회로 남을 수 있습니다. 제가 그때 고집을 잠시 꺾고 잠시 미소를 지었으면 어땠을까요? 저 또한 졸업사진을 볼 때마다 '내가 어렸어도 그때 꽤 의젓했구나'라고 뿌듯해했겠지요. 친구들도 덩그러니 혼자 사진을 찍어야 했던 제게 괜한 걱정을 하지 않아도 됐으니, 저와 친구 모두 만족했을 것입니다.

💋 돈 쓰는 재미를 통해 이윤의 개념을 알다

중학교에 진학하면서 친한 친구들과 모두 헤어지자, 과거에 시도 때도 없이 전학을 다녔던 기억이 다시 몰려왔습니다. 낯설고 어색했던 기억을 떠올리자, 또다시 절망감이 밀려왔습니다.

(물론 오해였지만) 공정하다고 믿었던 선생님에게 배신감을 느꼈고, 친구들과 같은 학교에 배정 받지 못했기 때문에, 억울한 생각만 끝도 없이 들었습니다. 무엇하나 내 마음대로 되지 않아서 실망하고 절망했습니다. 그리고 더불어 친아버지 집으로 갈지도 모른다는 불안감이 시도 때도 없이 엄습했습니다. 이 때문에 저는 더욱 우울했습니다. 제가 친아버지를 그토록 혐오했던 이유는 어린 시절 절대 잊을 수 없는 기억이 자리하고 있기 때문입니다.

가끔씩 친척어른들이 "더 늦기 전에 지 애비에게 보내야 한다"라고 말했던 기억이 납니다. 친척어른들이 너무 싫었습니다. 그런데 친척어른들보다 더 싫었던 건 친어머니였습니다. 친척어른들이 친아버지에게 저를 보내라는 말을 할 때 친어머니는 부정도 긍정도 하지 않고 단지 서있기만 했기 때문입니다. 그때는 세상에서 친어머니가 가장 미웠습니다.

절망감은 사람을 좋게 바꿀 수도 있고 나쁘게 바꿀 수도 있습니다. 저는 절망감이 좀 나쁘게 작용한 케이스였습니다. 절망감이 주는 스트레스를 돈 쓰는 것으로 풀었습니다. 이 과정에서 저도 모르게 돈 쓰는 재미를 알아버렸습니다.

심부름을 다니면서 모은 돈으로 당시 초등학교 앞에서 다양한 뽑기나 놀이를 했습니다. 그때 당시에도 50원이나 100원 정도의 동전을 넣어서 뽑기를 뽑는 '뽑기판' 전체를 사버렸습니다. 당시 돈으로 대략 2만 원 정도였던 걸로 기억합니다. 이 뽑기판으로 원하는 캐릭터를 배치하고 뽑기를 완성했습니다.

그렇게 돈쓰는 재미가 점점 커졌습니다. 쓰는 만큼 벌어야 했기에 저는 돈을 벌기 위해 새아버지의 심부름을 열심히 했습니다. 뿐만 아니라 택시처럼 미터기로 주행하던 그때 당시의 용달차 홍보 스티커를 동네 곳곳에 붙이는 아르바이트도 하고 차 시트커버를 구해서 폐차장에 팔거나 아니면 아이들에게 새총 재료로 판매하기도 했습니다.

부끄러운 일이지만, 그때 아이들이 쓸 돈을 벌려고 도둑질했던 것을 눈감아 주기도 했습니다. 당시에 유명 메이커 운동화가 유행했는데, 그 메이커 운동화를 훔치는 게 비일비재 했던 시절입니다.

언제 어디서나 배울 점은 존재하기 마련입니다. 전 메이커 운동화를 훔친 친구들에게 그 운동화를 저렴하게 사서 다른 친구에게 이윤을 좀 붙여서 판매하는 것만으로 용돈을 꽤 벌었습니다. 그때 이윤과 마진이라는 개념을 처음 알게 되었는데, 돌이켜보면 이때부터 장사의 기질이 보이지 않았나 싶습니다.

아이가 어릴 때부터 돈쓰는 재미를 알게 되면 과소비의 길로 빠지지 않을까 많은 사람들이 걱정할 것입니다. 저 또한 제 아이들에게 소비 습관에 대해 철저히 교육하고 있습니다. 저는 아이들과 식당에 가면 그곳의 하루 매출이 얼마일까 토론하는 걸 즐깁니다. 그 과정을 통해 돈과 수학의 의미를 자연스럽게 알고 분석하는 요령이 생기기 때문입니다.

중요한 것은 저는 그때 과소비는 잘못된 길이라는 것을 깨닫고 금방 과소비라는 길에서 빠져나왔다는 점입니다. 때문에 저에겐 잘못된 소비 습관이 아닌, 이윤이라는 개념을 공부했다는 사실만 남아있습니다.

✦ 칭찬은 사람을 바꾼다

이 과정에서 좋든 싫든 저는 중학교 학창시절을 마음속으로 서서히 받아들이고 합리화하기 시작했습니다. 초등학교 6학년 일 년 동안 누군가에게 관심과 사랑을 받으면서 제 마음이 조금 변한 것 같습니다.

결정적인 계기는 초등학교 때 단짝친구와의 재회였습니다. 재회하기 전까지 저는 중학교 때 새로 만난 친구들에게 정을 줄 수 없었습니다. 하지만 후회되었고, 이 상황을 극복하고 싶었습니다. 친한 친구들은 모두 연신중학교로 가서 억울했지만 그래도 저는 이 조건을 받아들이고 다시 친구들을 웃겨 주목 받는 사람이 되기로 결심했습니다.

중학교 1학년 때는 단 한 명도 아는 친구가 없었습니다. 심지어 초등학교 5학년 때 친했던 친구 한 명이 거의 유일하게 같은 중학교로 진학했지만, 반이 계속 갈리면서 중학교 때 단 한 번도 같은 반이 되지 못했습니다.

결국 저는 다른 친구들과 사귀는 방법도 알게 되었습니다. 특히 친했던 친구는 중학교 1학년 때 사귀었던 녀석들입니다. 저를 포함해 모두 세 명이었는데, 저희는 말썽쟁이 삼총사가 되어 학교를 들썩이는 말썽꾸러기가 되었습니다.

말썽쟁이 삼총사는 저와 이문○, 조범○이라는 친구였습니다. 이문○라는 친구는 유도를 해서 싸움을 잘했지만 조용히 지내는 스타일이었고 친구들과 그렇게 친하게 지내는 스타일이 아니었습니다. 반면 조범○이라는 친구는 저만 보는 것 같았습니다. 한 번 서운하거나 삐지면 일주일이 넘도록 말을 하지 않았습니다.

지금 저는 좀 키가 작은 편이지만, 당시에는 제 키가 다른 또래 애들보다는 큰 편이었습니다. 당시에는 키 순으로 배번했는데, 저는 키가 커서 뒤쪽 번호를 받았습니다. 이 과정에서 이문○, 조범○과 앞뒤로 앉게 되어서 자연스럽게 친해졌습니다.

또한 조범○이 정기적으로 괴롭히는 아이들이 있었는데, 저도 조범○의 괴롭힘에 동참하면서 일이 불거졌습니다. 당시 담임선생님이었던 우한정 선생님은 열정이 넘치는 체육담당 젊은 선생님이었습니다. 서울대학교를 졸업하고 선생님이 된 이력 때문인지, 우리 반을 전교에서 가장 우수한 반을 만들기 위해 항상 노력했습니다. 그런 선생님에게 저희 셋은 골칫거리였습니다. 다른 것을 떠나서 다른 학우들을 괴롭히는 것은 선생님 입장에서 두고 보기 어려웠을 겁니다.

결국 항상 말썽을 부리던 저희 세 명은 따로 갈라서 앉도록 자리 배정을 받았습니다. 그렇다고 멀어질 삼총사가 아니었습니다. 하교 후에도 계속 어울리면서 말썽을 부리자 선생님은 몹시 화를 내면서 우리 삼총사를 불렀습니다.

"나는 단 한 번도 선생님이 된 걸 후회한 적이 없다. 하지만 지금 이 순간은 좀 다르다. 너희들 때문에 선생님이 된 걸 태어나서 처음으로 후회하고 있다."

이런 상황을 선생님은 결국 삼총사 부모에게도 알린 것 같습니다. 급기야 이문○의 어머니가 기사 딸린 차를 몰고 매일 오셔서 이문○를 등하교시키는 지경에 이르렀습니다. 저희 삼총사가 어울리는 것을 경계했기 때문입니다. 이 과정에서 삼총사는 누가 뭐랄 것도 없이 자연스럽게 멀어지게 되었습니다.

어찌 보면 저희 삼총사는 서로 갈 길도 달랐던 것 같습니다. 한 친구는 뚱뚱했던 몸을 날씬하게 만들면서 인기남이 되었습니다. 유도를 했던 이문ㅇ는 뚱뚱했지만 날렵했고, 눈이 나빠서 안경을 썼지만 귀여운 얼굴이었습니다. 워낙 친구들과 어울리지 않는 성격이었지만 시무룩해 하지 않았고 항상 웃는 얼굴이었습니다.

하지만 어머니가 직접 이문ㅇ를 데리고 다니던 그날 이후로는 복도에서 마주쳐도 그냥 눈인사만 하고 헤어지는 사이가 되었습니다. 3학년 때부터 급격히 살을 빼기 위해 저녁시간마다 운동장 10바퀴를 돌던 그 친구가 생각납니다. 긍정적으로 성격도 바뀐 그 친구를 한걸음 떨어져 바라보면서 마음속으로 응원했습니다. 그가 부러웠고, 그를 배우고 싶었습니다. 그리고 머릿속으로 요령이 있어야 공부도 사회생활도 잘 할 수 있다는 걸 어렴풋이 생각했던 것 같습니다. 아쉽지만 이문ㅇ는 그때 이후로는 단 한 번도 만나지 못했습니다.

또 다른 삼총사의 한 친구는 몇몇 친구를 괴롭히면서 정학을 당하고 유급하는 사태를 겪었습니다. 조범ㅇ의 정학은 굉장한 충격이었습니다. 조범ㅇ은 몰래 두 친구에게 1년 가까이 돈을 상납 받으며 괴롭혔다고 합니다. 제가 알고 있는 내용은 1000원을 주면서 3일 안에 10000원을 만들어 오라고 했고, 옷과 신발을 빼앗고, 친구들에게 도시락을 두 개를 싸가지고 오도록 시킨 뒤 하나를 갈취했다는 것입니다. 조범ㅇ의 집은 결코 가난한 편이 아니었습니다. 오히려 조범ㅇ의 집은 다른 학생들보다 상대적으로 넉넉한 편이었기에 제겐 더욱 충격적으로 다가왔습니다.

그런데 그 모든 사실은 겉으로 드러나기 전까지 학우들 중 아무도 몰랐고, 그 일이 백일하에 밝혀지면서 조범ㅇ은 친구들과 대화도 나누지 않고 말이 없는 아이로 순식간에 변해버렸습니다. 정학 후에 고등학교를 유급해서, 친한 친구 동생과 절친 사이가 되었다는 사실을 나중에 알게 되었습니다. 정확히 알 수 없지만 정학 이후 그 친구는 나름대로 바른 삶을 사는 것으로 알고 있습니다.

전 이 두 친구들과는 다른 저 나름의 색깔을 찾아야 한다고 생각했습니다. 어찌 보면 살아남고자 하는 생존전략이었던 것 같습니다. 가정에서도 사랑받지 못하는 상황이기 때문에, 어떻게든 학교에서 튀는 존재가 되어 살아남고자 하는 발버둥을 쳤습니다.

그래서 저는 수업시간에 웃기기 위해 노력하는 학생이 되기로 마음먹었습니다.

그중 역사를 담당하셨던 김원창 선생님께서 저의 유머를 독려하셨습니다. 수업시간에 웃기기 위해서는 눈치껏 질문을 해야 했고 수업 내용을 알아야 했습니다. 그래서 수업도 어느 정도 열심히 따라가야 했습니다.

예를 들어 신라시대 이야기를 할 때 그 내용을 미리 알고 등장인물의 뒷이야기에 관한 질문을 하거나 앞서서 나올 이야기에 엉뚱한 질문을 해서 흥미를 유도하는 식이었죠. 다행히 공부했기에 할 수 있는 유머라는 사실을 받아주셨던 것 같습니다. 오히려 제 유머를 맞받아쳐주시던 김원창 선생님과의 대화 속에서 저는 선생님에게도 사랑을 받았고, 학교 친구들에게도 웃음을 줄 수 있었습니다.

이 사건을 계기로 저는 중학교에서 유머러스한 아이라는 인식이 퍼졌습니다. 인식은 신기한 것 같습니다. 그 사건 한 번을 계기로 유머러스한 아이라는 인식이 퍼지자, 저도 그러한 인식에 맞춰 생활하게 되었던 것 같습니다. 자리가 사람을 만든다는 말이 있죠. 저 같은 경우에는 그러한 인식이 당시의 저를 만들어냈습니다. 중학교 친구들을 만나면 지금도 그때의 성격이 튀어나와서 유쾌한 모습으로 변하곤 합니다.

《칭찬은 고래도 춤추게 한다》는 베스트셀러 책이 있습니다. 긍정적 관계의 중요성을 깨우쳐주고 칭찬의 진정한 의미와 칭찬하는 법을 일러주면서 대한민국에 '칭찬 열풍'을 불러일으킨 밀리언셀러인데요.

지금 돌이켜보면 김원창 선생님께서 공개적으로 "저런 녀석처럼 유머 있는 사람이 사회생활도 잘하고 인기가 많다"고 말씀해주셨던 게 제게 큰 힘이 된 것 같습니다. 칭찬대로 재미있는 행동에 대해서 계속 주의를 기울였고, 열심히 그런 학생이 되려고 노력할수록 그 행동이 계속 반복되었습니다. 선생님의 칭찬 한마디가 제 중학교 시절의 인간관계를 바꿔 놓았고, 동기부여 방식의 전환을 가져왔습니다. 긍정적인 변화가 제 인생 전체에서 발생한 것은 물론입니다.

❧ 친구는 많으면 많을수록 좋다

이때부터 소위 노는 친구들뿐만 아니라 공부 잘하는 친구들과도 어울리면서 여러 친구들에게 주목과 관심을 받을 수 있었습니다. 덕분에 저는 중학교 내내 다양한 아이들과 사귈 수 있었습니다.

독발골 아이들이나 시장통의 불량한 아이들과도 스스럼없이 지냈고, 공부를 잘하는 그룹의 아이들과도 친하게 지내게 되었습니다. 초등학교 때 단짝친구가 공부 잘하는 형과 누나에게 자연스럽게 배워서 공부를 잘했듯이, 시장통 아이들은 보고 자란 것이 싸움과 욕인지라 자연스럽게 싸움과 욕이 몸에 밴 경우가 많았습니다. 이들은 중학생이 되면 특히 주변에서 자극을 주기 때문에 만만한 친구를 골라서 싸움을 걸거나 단체로 연합해서 힘을 보여주는 식으로 행동하게 되는 경우가 종종 있었습니다.

그런데 어느 날 김용ㅇ이라는 시장통 아이와 수업시간 도중에 시비가 붙었습니다. 당시 저도 싸움에는 이골이 나있던 상황이라서 시비가 붙자 물러서지 않았습니다. 저와 김용ㅇ은 선생님이 잠깐 교무실에 간 사이에 화장실로 자리를 옮겨 치고 박고 싸웠습니다. 그 친구는 심지어 하교 후에도 시장통 친구들과 함께 저를 때리기 위해 학교에 떼거리로 몰려오기도 했습니다. 다행히도 저는 당시에 전교에서 가장 싸움을 잘 하던 아이와 매우 친했던 시절이라서 아무런 문제없이 위기를 모면할 수 있었습니다. 그 김용ㅇ이라는 친구는 지금은 건달 생활을 하고 있다고 하더군요.

반면 공부를 잘하는 그룹의 아이들도 있었습니다. 대전광역시 대덕연구단지에서 일하고 있는 김기용이라는 친구도 있었고, 지금은 중견 건축회사 이사로 활약하고 있는 문지명이란 친구도 생각납니다. 그리고 국제 변호사가 된 친구들도 있는데, 이들 중 몇 명은 지금도 경조사에는 서로 오고가는 사이의 친구들입니다.

교우관계가 넓어지자 저는 매일 아침을 기분 좋게 눈을 뜨고 저녁에 기분 좋게 잠자리에 들 수 있었습니다. 성격도 명랑해졌습니다. 긍정의 힘은 무한 에너지를 발산하게 했고 학교 친구들뿐만 아니라 이웃 학교로 진학했던 친구들과도 친하게 지낼 수 있었습니다.

'중학교에 가면 새로운 사람이 되고 싶다'는 다짐이 통했던 행복한 나날들이었습니다. 중학교 입학식 날 저는 마음속으로 '다른 사람들을 웃길 수 있는 그런 사람으로 다시 태어나고 싶다'는 생각을 했습니다. 그 재도전은 중학교 2학년 때까지는 상당히 성공적이었습니다. 초등학교 시절 시행착오가 있었기에 치고 빠지는 요령도 터득할 수 있었습니다.

수업시간에 웃기는 건 주로 질문을 하면서였습니다. 선생님의 컨디션을 파악해 수업과 연관성이 있는 질문을 해야 했고, 선생님의 기분을 봐 가면서 수위 조절을 했습니다. 이런 과정에서 시행착오를 겪기도 했지만, 결국에는 관심 받는 방법을 알게 되었습니다.

제가 만들어 놓은 분위기 때문에 아이들도 적당히 즐겁고 선생님도 참을 만한 정도로 넘길 수 있으면 전 거기서 멈췄습니다. 그런데 이렇게 선생님들에게 관심을 한 몸에 받는 저를 부러워하며 따라하는 친구도 있었습니다. 그 친구는 절 따라하면서 제 몫의 꾸지람과 매를 대신 받았습니다. 때문에 상대적으로 비교가 되면서 저는 웃기는 놈이 되었고 그 친구는 웃기지도 못하면서 대신 맞는 역할을 하게 되었습니다.

그 친구와 저의 차이가 무엇이었을까요. 저는 시행착오의 유무가 관심의 유무를 낳았다고 생각합니다. 선생님께서 화를 내기 직전까지만 엉뚱한 질문을 했고, 눈치를 보다가 화를 낼 것 같으면 즉시 진지한 모드로 돌아가는 식이었죠. 그렇게 저는 친구들에게는 웃기는 아이로 인식이 되면서 동시에 학교 선생님의 수업을 그다지 방해하지도 않아 선생님께 큰 미움을 받지 않으면서 학생들에게 인기가 많은 아이가 될 수 있었습니다. 인기가 많아지자 제 성격도 덩달아 더욱 활발해졌습니다. 덕분에 지금도 중학교 동창들을 만나면 웃기는 아이, 즐거운 사람으로 통합니다.

인기가 많은 덕택에 제게 점심시간에 밥을 같이 먹자는 친구들이 많이 몰려들기도 했고, 쉬는 시간에는 같이 매점에 가자는 친구들도 많았습니다. 특히 하교 후 본인의 집으로 가서 놀자고 말해주는 친구들이 많아졌습니다. 일부 학생들은 같이 운동하면서 친해지자고 말하기도 했습니다.

한편, 저는 당시 새아버지와 함께 외출을 하고나면 생기는 넉넉한 용돈 때문에 경제적으로 다른 친구들에 비해 풍요로운 편이었습니다. 새아버지와 함께 그림을 사려는 바이어들을 만나러 갈 때면 일부러 헌 운동화를 신고 가서 용돈을 벌기도 했습니다. 용돈으로 당시에 유행했던 브랜드의 옷과 가방을 맘껏 살 수 있었습니다. 그런 브랜드 옷과 가방 덕분에 저와 친해지려는 친구들도 있었습니다.

남녀공학이었기 때문에 6학년 때 같은 반이었던 여학생들도 있었는데, 초등학교 때는 저를 보지도 않았던 여학생들도 관심을 보이고 편지와 선물을 주기도 했습니다. 갑자기 인기를 한 몸에 얻자, 사랑을 받으면서도 항상 불안했습니다. 기쁘지 않았고 행복하지도 않았습니다. 그저 불안했습니다. 이 기쁨이 어색했고 내 것이 아니라서 금방 날아갈 것이라고 확신하기도 했습니다.

❧ 가슴 따뜻한 나만의 공간을 확보하라

학교에서 친한 학교 친구들과 즐거운 시간을 보냈다면, 방과 후에는 또 다른 재미가 있었습니다. 당시는 독서실에서 공부하는 것이 유행했던 시절이어서 저도 따라서 방과 후 독서실에서 공부했기 때문입니다.

독서실에 가는 게 특히나 재미있었던 이유는 독서실에서 초등학교 6학년 때 가장 친했던 친구와 재회할 수 있었기 때문입니다. 이 친구 덕분에 저는 이웃 학교인 연신중학교 친구들도 사귈 수 있었고 이들과 참 즐거운 시간을 보냈습니다.

독서실은 다른 중학생들에게도 마찬가지였겠지만, 제게도 잊을 수 없는 공간입니다. 학교 수업이 끝나면 재빨리 독서실로 와서 가방을 내팽개치고 휴게실에서 라면이나 김밥을 먹으면서 '오늘은 공부가 잘 안 되는 날인가 보다'라고 스스로를 위로하곤 했습니다. 어둡고 음침하지만 마음껏 좋아하는 라면을 먹을 수 있고 공부를 한다는 핑계로 어머니에게 한없이 자유로워질 수 있는 공간. 그러면서도 친구를 만나 마음껏 놀 수 있었으며, 불필요한 소리도, 빛도 모두 줄였기에 마음이 어지러울 때 고요하게 마음을 안정시킬 수 있는 어둡지만 추억이 있는 장소였습니다.

특히 시험기간이 되면 눈에 불을 켜고 늦게까지 공부하는 분위기가 조성되는데 이런 친구들을 구경하는 것도 하나의 재미였습니다. 저는 독서실에서 시험 전날까지 합법적으로 밤늦게까지 놀기도 했습니다. 물론 공부를 조금 하기도 했지만 공부가 주는 아니었죠.

저처럼 친구도 시험을 보고 나면 놀고 같이 공부를 안했지만 이상하게도 초등학교 단짝친구는 항상 상위권이었습니다. 나중에 알고 보니 원래 형제들이 공부를 잘하는 집안이었더군요. 게다가 단짝친구의 비밀은 예습이었습니다. 일단 수업에 들어가기 전 예습을 꼼꼼하게 해왔고 이를 바탕으로 수업시간에 집중해서 공부를 했습니다. 그리고 시험 바로 전 간단하게 정리를 하면서 공부했죠. 덕분에 시험에서 항상 좋은 점수를 받았습니다.

이런 단짝친구의 모습을 보면서 두 가지를 느꼈습니다. 첫째, '세상은 요령 있게 살아야 하는 것이구나'라는 겁니다. 똑같이 공부를 안 해도 요령이 있는 것과 요령이 없는 것의 결과물은 천지차이였기 때문입니다.

둘째, '지도하거나 끌어주는 사람이 있다면 시행착오를 줄일 수 있구나'라는 생각입니다. 그리고 저를 지도하거나 끌어주는 사람이 없는 반면, 단짝친구는 그런 사람이 있다는 사실에 세상이 조금 불공평하다는 생각도 했던 것 같습니다. 물론 단짝친구 앞에서는 내색하지 않았습니다.

지금도 거리를 지나가다 독서실 간판을 보면 중학교 시절의 추억에 빠집니다. 언젠가 단짝친구와 다시 한 번 독서실에나 가보고 싶다는 유치한 생각이 들곤 합니다. 다시 한 번 같이 다녔던 친구들과 가서 밤을 새보고 싶고 같이 놀러 나가고 싶습니다. 그 시절은 지금 돌이켜 봐도 평온했던 시기였습니다. 그때 기억들이 그래도 소중한 추억으로 남아있나 봅니다. 짧았지만 행복했던 그 기억은 추억이 되어 제가 인생의 기쁨을 모르고 모든 걸 내려놓으려 할 때 나를 막아준 방패막이 되었습니다.

약속의 중요성을 깨닫다

독서실과 중학교에서의 경험은 지금 생각해도 참 행복했던 시간이었지만, 이때 약간 삐뚤어진 가치관이 생기면서 저는 내적 불안감을 갖게 되었습니다. 행복한 이 순간 나의 것이 아니라 어차피 슬픔으로 가기 위해 잠시 거쳐 가는 정거장 같은 느낌이었다고나 할까요. 행복하면 불안했고 그 불안은 슬픔과 아픔을 만들게 하는 악순환이 되었습니다.

저는 중학교 2학년이 되면서 친어머니와 영원히 살지 못할 수 있다는 불안감이 생기기 시작했습니다. 이유가 전혀 없는 것도 아니었습니다. 쫓겨난 어머니와 새아버지의 관계가 심각했기 때문입니다. 그래서 자꾸 어머니에게 친아버지 집에 가기 싫다는 말을 했고, '다시는 친아버지 집에 가지 않아도 된다'는 약속을 받아냈습니다. 그 말을 믿으면서도 한편으로는 불안하기 그지없었습니다.

불안함은 점차 현실화 되어가고 있었습니다. 제가 중학교 3학년이 되던 시점에 어머니는 저를 점점 냉정하게 대하기 시작했습니다. 변해가는 어머니가 미웠지만 한편으로는 서서히 이별의 시간이 왔음을 알게 되었습니다.

이 행복이 틀어진 것이 아이러니하게도 가장 행복해야 할 제 생일이었습니다. 중학교 3학년 때였는데, 여러 친구들이 제게 생일선물을 건넸습니다. 가장 많이 받았던 선물은 카세트테이프였습니다.

부활, 이선희, 이용, 조용필, 벗님들의 카세트테이프를 가장 많이 받았고, 당시 최고 인기 라디오 프로그램인 '이문세의 별이 빛나는 밤'에서 나온 라이브 노래를 담은 카세트테이프도 받은 적이 있습니다. '이문세의 별이 빛나는 밤' 캠프 현장진행 라이브를 직접 녹음해서 제게 선물로 건넨 아이도 있었습니다.

오랜 시간 구애 끝에 사귀게 되었던 여자 후배가 제게 선물을 주던 순간에도 기쁘지가 않았습니다. 제가 친아버지에게 가야 한다는 걸 알게 된 순간이었기 때문입니다. 그래서 선물 따위에는 감흥이 별로 없었고 그 여자 후배 또한 그것을 알고 있었기에 제게 안타까움을 화로 표현했던 기억이 납니다. 그 후배가 화를 내자 저 또한 화를 내었고 서로 다투었습니다.

생일을 잊은 어머니에게 분노를 느꼈습니다.

생일선물을 받으면서 느낀 가족에 대한 분노를 참지 못하고 바로 발길을 집으로 돌렸습니다. 헐레벌떡 집으로 뛰어 들어가 다짜고짜 어머니를 찾았습니다.

일단 가장 궁금한 것이 어머니가 제 생일을 기억하느냐 였습니다. 어머니에게 따져 물을 작정이었습니다. 마침 집에서는 낮술을 시작한 새아버지가 어머니를 괴롭히고 있었습니다. 집에 도착했을 때 새아버지는 이미 술을 어느 정도 마신 상태였고 어머니는 지쳐 있었습니다. 씩씩거리는 절 보고 어머니는 눈도 마주치지 않았습니다.

그 모습을 보자 저는 더욱 화가 치밀어 올랐습니다. 분노한 저는 어머니를 슬슬 자극했습니다.

"오늘 무슨 날인지 알아요?"
"아니."
"항상 여름 되면 나 낳느라고 고생해서 아프다면서, 오늘은 안 아픈가 보죠? 여자 후배도 아는 생일을 어머니라는 사람이 어떻게 모를 수가 있어요?"

저는 계속해서 따져 물었습니다. 순간 흔들리는 어머니의 눈동자를 보았습니다. 그 순간 그 상황이 너무 짜증나고 미웠습니다.

"엄마는 저 낳고 미역국을 먹긴 먹었어요?"

어머니의 흔들리는 눈동자가 보였습니다. 어머니가 미안해하는 것이 느껴졌지만 그 모습에 오히려 더욱 화가 났던 것 같습니다.

"너 7살 때까지 매번 미역국 끓여주고 떡 해주고 내 할 도리는 다 했어."
"그럼 왜 나를 버렸나요? 그것도 어머니가 할 도리였나요? 뱃속에 10달을 넣어둔 자식새끼 생일도 기억 못해요?"
"……."

저는 정말 심하게 대들었습니다. 그리고 처음으로 어머니에게 손찌검을 당했습니다. 어머니도 아버지에게 보낼 마음의 준비를 했었나 봅니다. 좀 더 독해져야 저를 친아버지에게 보낼 수 있다는 생각이 아니었을까요. 아마도 친아버지에게 가야 한다는 걸 알게 되면서 심한 말을 했던 것 같습니다.

저는 아마도 생일을 축하 받지 못했다는 것보다 또다시 낯선 곳으로 가야 한다는 두려움이 더 컸던 것 같습니다. 친아버지에게 또다시 가야만 한다는 사실이 정말 슬펐습니다.

나중에 사업을 하면서도 저는 약속을 그 무엇보다 중요하게 생각합니다. 당시 '다시는 친아버지 집에 가지 않아도 된다'는 어머니의 약속이 깨지자 너무나 큰 상처가 되었기 때문입니다. 그래서 저는 일단 제가 한 약속은 어떤 일이 있어도 지키려고 최선을 다합니다. 정말 불가항력적인 일이 아니라면 약속은 지켜져야 한다고 생각합니다. 또한 약속을 깨는 사람과는 되도록 거래를 하지 않으려고 합니다. 한 번 약속을 어긴 사람은 또다시 약속을 어길 수 있기 때문입니다.

제가 인생을 막 살아야겠다는 생각을 했던 것도 어머니의 약속이 깨진 바로 그 시점입니다.

그래도 독서실 친구들에게 위안을 받았습니다. 제 친구들은 저를 위해 따뜻한 위로를 건넸고 저를 위해 눈물을 흘렸습니다. 저는 친구들 덕분에 그나마 위안을 받았고, 그 눈물의 위로가 더 이상 나쁜 길로 빠져들지 않는 버팀목이 되었습니다.

본드나 가스를 흡입하는 친구들과도 교류했지만 그 친구들에게 물들지 않고 제자리를 지킬 수 있었던 건 바로 그 독서실 친구들의 눈물의 위로 덕분이었습니다. 그래서일까요. 저는 예전과는 달리 처음으로 전학을 가면서 친구들과 싸움을 일으키지 않고 다음을 기약하면서 또다시 만나자고 좋게 인연을 마무리했습니다.

다른 환경으로 떠나는 절 안타깝게 생각하는 친구도 있었지만 그 환경을 이겨내는 모습에 멋있다고 생각하는 친구들도 있었습니다. 연천중학교 친구들과는 나중을 기약하면서 헤어졌고 이후 고등학교 시절에도 일 년에 한두 번씩 만남을 가졌습니다.

문제는 연신중학교 친구들이었습니다. 진정으로 울어주었고 단짝친구뿐만 아니라 지금도 연락을 하고 있는 정재와 상호라는 친구가 특히 저를 위해서 많이 슬퍼해 주었습니다. 평범했던 그 친구들의 진실 된 위로가 큰 힘이 되었습니다.

지하철을 타고 가기 위해 지하도로 내려가면서 배웅 나온 친구들을 올려다보며 '난 왜 이렇게 저 친구들과 다른 삶은 살아야 하나' 억울한 생각이 들었습니다. 지하에서 올라오는 차가운 바람까지 몹시 싫다고 느껴졌습니다. 냉정한 어머니와 세상처럼 제 온몸을 휘어 감싸는 차가운 바람이 정말 싫었지만, 그 찬바람에 또다시 몸을 맡기고 저는 떠나야 했습니다.

하지만 친구들과는 달리, 어머니와는 좋게 마무리 짓기 힘들었습니다. 이번이 정말 마지막이라고 생각했습니다. 영영 어머니 곁으로 돌아올 수 없다고 생각했습니다.

초등학생부터 시작했던 전학 생활이었지만 3년의 중학교 생활 동안 심리적으로 매우 불안했습니다. 그래도 친구들을 사귈 수 있다는 것이 안정감을 주었습니다. 그 3년의 시간이 어쩌면 이전과는 다른 삶을 살 수 있게 만든 소중한 경험이었던 것 같습니다.

"일 잘 하네"
그 한마디

고등학생이 되자 저는 소위 '머리가 굵어서' 그런지 몰라도 친아버지의 강압적인 태도와 폭력에서 벗어나 세상 밖으로 뛰쳐나왔습니다. 사회는 제가 알던 것보다 더 삭막하고 냉정한 곳이었죠. 제가 사회에서 할 수 있는 것이라곤 성실한 모습을 보이는 것뿐이었습니다. 어떤 일이든 궂은일도 마다하지 않고 최선을 다했습니다. 돌이켜 보면, 이때부터 저는 어떤 일을 할 때든 그 일에 성실하게 임했던 것 같습니다. 성실은 제게 칭찬이 되어 돌아오기도 했고, 어떤 깨달음을 주기도 하였습니다.

🌱 대들어야 할 때는 대들어야 한다

고등학생이 되어 친아버지 집에 갔더니, 친아버지 집의 상황은 많이 바뀌어 있었습니다.

일단 짙은 눈썹의 이복형은 영화배우처럼 멋진 청년으로 성장했습니다. 가장 부러웠던 것은 수없이 걸려오는 여자친구들의 전화였습니다. 이복형은 전화를 가려가며 받았고 누구를 만날까 고민하는 게 일상이었습니다.

그리고 또 한 가지가 달라졌습니다. 보다 세련되어졌다고나 할까요. 제가 친아버지 집으로 가자, 형은 나와 눈을 마주치면서 웃어 주었고 정식으로 미안하다며 사과했습니다.

그러나 제게 아무리 잘해주려고 노력하더라도, 이복형과의 어색한 분위기는 어쩔 수 없었습니다. 마음속으로는 진한 형제애 같은 것을 나누고 싶었으나 왠지 그런 진한 형제간의 우애는 나에겐 과분하고 감히 내가 가질 수 없다는 생각이 들었습니다.

특히 이복형과 이복동생은 외모가 닮았고, 목소리도 비슷했고, 배우 송승헌 씨와 같은 짙은 눈썹이 있었지만, 저는 외모가 그들과 판이하게 달랐습니다. 형제간의 우애도 저와는 동떨어진 일처럼 느껴졌지만, 그때는 그보다 이복형과 이복동생의 외모가 마치 다른 사람을 보듯 부러울 뿐이었습니다.

한 번은 이복형과 이복동생의 외모를 조금이라도 닮아보려고 눈썹을 밀어버렸습니다. 친구가 눈썹을 밀면 눈썹이 짙어진다고 말하는 바람에 두 차례 정도 눈썹을 밀어버려서 가족들을 당황하게 하기도 했습니다. 사실 눈썹은 민다고 굵어지지는 않습니다. 눈썹을 밀어버린 후 약간 눈썹이 굵어지는 사람과 숱이 줄어드는 사람이 반반 정도입니다. 사람이 눈썹이 없으면 인상이 크게 달라 보이는 건 사실입니다. 저도 인상이 달라 보이긴 했지만, 이복형의 외모와는 전혀 비슷해 보이지 않았습니다.

이복형이 멋진 외모로 사랑을 받았다면, 저보다 세 살 아래였던 이복동생은 공부를 잘해서 친아버지의 기대가 컸습니다. 하지만 기대가 너무나 컸었나 봅니다. 반에서 주로 1등을 했었는데, 한 번은 반에서 10등으로 떨어졌다고 합니다. 이복동생은 그 시험을 보기 전부터 이미 자신이 없어서, 쥐약을 조금씩 사서 모았고, 시험 결과가 나오는 날 결국 쥐약을 들이키고 말았습니다. 시험 결과를 비관하여 약을 먹었지만, 어찌 보면 예견된 사고였습니다.

교련을 마치고 힘겹게 집에 돌아오니 이복동생이 이복형 등에 업혀 있었습니다. 형은 무표정한 얼굴이었고 큰어머니는 울고 있었습니다. 놀라고 떨리는 마음을 감출 수 없었습니다.

응급실에 가니 의사가 이복동생의 코에 호스를 연결하고 주황색 같은 액체를 계속 빼내었습니다. 그다지 친한 이복동생은 아니었지만, 병원에서 오렌지색 호스를 코에 넣고 있는 모습을 보면서 아프겠다는 생각이 들었습니다. 제가 어렸을 때 충북 진천 큰집에서 오토바이 사고를 당했던 기억이 떠올라서 불쌍하다는 생각도 들었습니다.

생명에는 지장이 없다는 의사선생님의 말씀을 듣고 형과 저는 집으로 돌아왔습니다. 아마 밤 11시쯤 되었을 겁니다. 병원을 다녀온 뒤 전 화실에서 그림을 그리고 다시 집으로 갔습니다. 몹시 피곤했고 각자의 방으로 가서 잠을 청했습니다.

얼마나 잤을까요? 잠결에 매 맞는 소리가 시끄럽게 들렸습니다. 그 소리에 저는 잠에서 깨서 마루로 나가보았습니다. 밖에서는 이복형이 친아버지에게 맞고 있었습니다.

"너도 이리 와서 엎드려!"

잠결에 저도 나란히 엎드려 이유도 모른 채 매를 맞았습니다.

매를 맞으면서 친아버지가 하는 말을 들어보니 저와 이복형이 매를 맞는 이유는 이랬습니다. 친아버지가 병원에 들렀다가 집으로 돌아왔습니다. 그런데 아무리 벨을 눌러도 인기척이 없어서 담을 넘어 집에 들어오니 저와 이복형이 쿨쿨 자고 있었다는 것입니다. 그런 이유로 저와 이복형은 "동생이 중환자실에 누워있는데 지금 편하게 잠이 오냐"는 호통을 들으며 매를 맞아야 했습니다.

지금 생각하면 저와 이복형의 잘못보다는 친아버지의 잘못이 더 큰 사건인 것 같지만, 하여튼 잠을 자고 있던 것이 나름 매를 맞을 이유가 된다고 생각해서 묵묵히 매를 맞았습니다.

얼마나 맞았을까요. 허벅지는 이미 시퍼레지고 손은 부들부들 떨릴 때였습니다. 매질 도중 친아버지는 "너는 기본이 안 되었어. 기본이 안 된 엄마 밑에서 컸으니 당연히 제멋대로지"라고 말하며 갑자기 친어머니 욕을 했습니다. 저는 어머니를 변호하거나 위하고 싶은 마음은 없었지만 누가 누구를 욕하나 하는 생각에 화가 났습니다. 두 사람 모두 나를 버리지 못해 안달 났던 지난 기억 때문에 다시 억울함이 밀려왔습니다.

이복형은 매를 맞고 옆에서 체념한 듯 앉아 있었고 전 대들면서 몽둥이를 잡았습니다. 때려주고 싶다는 생각에 분노가 치밀었지만 차마 그렇게는 하지 못했습니다. 대신 몽둥이를 확 집어던지기만 했습니다.

친아버지의 욕설은 여기서 그치지 않았습니다. 이어 친어머니와 결혼한 새아버지에 대한 욕설로 이어졌습니다. "남자가 정치나 사업을 해야지 무슨 그림을 그리냐"며 친아버지는 새아버지를 모욕했습니다. 저는 친어머니를 대변하고 싶은 생각은 추호도 없었습니다. 하지만 새아버지를 욕하는 게 마치 제게 모욕감을 주는 행동이라고 생각하는 친아버지를 받아들일 수 없었습니다.

게다가 새아버지의 영향 때문에 알게 된 빈센트 반 고흐를 동경하면서 꼭 화가가 되고 싶었던 마음도 있었습니다. 그러나 친아버지는 화가를 '환쟁이'라며 폄하했고 보내달라고 졸랐던 화실에도 보내주지 않았습니다. 저는 몇 달은 모아두었던 용돈을 털어서 제 돈으로 화실을 다녔고 그것도 여의치 않자 저렴한 화실을 다니거나 미술부에 가입해서 그림을 배웠습니다. 그렇게라도 그림을 그렸지만 그림을 그리는 순간에는 모든 것을 잊을 수 있고 집중할 수 있기에 좋았습니다. 그런데 화실도 보내주지 않았던 친아버지가 "남자가 정치나 사업을 해야지 무슨 그림을 그리냐"고 말하자 참았던 게 확 터져버렸습니다.

결국 "도대체 당신은 무슨 권리로 친어머니를 욕하냐"며 대들었습니다. 폭발하는 분노를 참지 못하고 대들고 따져 물었습니다. 필연적으로 더 심한 매질이 이어졌고 친아버지를 밀쳐냈습니다. 그리고 도망치듯 집을 빠져나왔습니다.

지금도 그때 대들지 말고 남은 매를 맞았으면 어땠을까 생각합니다. 하지만 새아버지와 어머니를 무시하는 말을 듣고도 참아낼 수 있을지 모르겠습니다. 매보다 아픈 친아버지의 말은 제게 아직까지 작은 상처로 남아있습니다. 그때로 돌아간다 해도 저는 아마 친아버지께 대들었을 것 같습니다. 제게 대든다는 것은 친아버지의 비뚤어진 마음에 반기를 들 수 있는 유일한 방법이었으니까요.

이렇듯 인생에는 한 번쯤 대들어야 할 때가 있습니다. 대든다는 것은 어른의 말을 무시한다는 느낌이 들어 꺼려질 수도 있습니다. 하지만 생각을 달리 하면 내 의견을 강력히 주장하는 방편이 될 수 있습니다. 대들어야 할 때 대들어야 내 의견을 상대에게 관철시킬 수 있습니다. 안타까운 것은 대들어야만 내 의견을 말할 수 있는 상황이겠죠.

🌱 성실을 무기로 살아가라

다시 친어머니 집으로 왔지만 그곳은 제가 쉴 수 있는 안락처가 아니라 불편한 가시방석 같았습니다. 결국 저는 방황의 시간들로 마음을 달래며 쾌락을 탐닉했습니다. 영등포 일대 나이트클럽을 전전하며 유흥의 시간을 즐기기도 했고 친구들과 어울려 불건전한 시간을 보냈습니다.

영등포에는 당시 'ABC', '123', '카네기'라는 이름의 나이트클럽이 인기였습니다. 이 나이트클럽은 음료입장권을 내고 들어가는 방식이었습니다. 막상 들어가 보면 이런 나이트클럽에는 대부분 10대 청소년들이 손님이었으며, 여기서 10대 비행청소년들은 밤새 춤을 추고 날이 밝도록 유흥을 즐기며 놀 수 있었습니다. 갈 곳이 없을 때는 이곳 소파 구석에서 잠을 청하기도 했습니다.

자연스럽게 여자들과 어울리게 되었고 다양한 경험을 일찍 하게 되었습니다. 한편으로는 항상 돈이 있어야 한다는 강박관념 때문에 오히려 방황의 시간이 짧았던 것 같습니다. 주머니에 돈이 없으면 불안했고 돈을 벌기 위해 무언가를 해야 했습니다. 잠자리와 용돈이 필요했기에 자연스럽게 아르바이트를 했습니다.

지금은 있을 수 없는 일이겠지만 당시만 해도 청소년이 여성 접대부 일을 하는 것이 비일비재 했고 그런 곳에서 웨이터를 하면 꽤 큰돈을 벌 수 있었습니다. 그러나 쉽게 벌면 쉽게 쓰게 되고 술로 번 돈을 술로 쓰게 되듯이 일찍부터 술을 먹게 되었습니다.

나이트클럽에서 벗어나 처음 시작했던 아르바이트는 이화여대 앞에 있는 한 레스토랑이었습니다. 이 당시의 아르바이트 경험은 제 인생을 바꾸는 계기가 되었던 것 같습니다. 내 자신의 정체성을 찾을 수 있던 공간이었기 때문입니다. 저는 여기서 동정이 아니라 따뜻한 관심을 받고 싶었던 욕구를 새로운 환경에서 낯선 사람들에게 시도해보았습니다.

일단 아르바이트 하는 곳의 형과 누나들 그리고 사장에게 관심 받고 싶었습니다. 일 잘한다는 소리를 들으면 묘한 성취감이 생겼습니다. 그때부터 동정심이 아닌 관심을 받기 위해 노력했습니다. 친구들에게 관심 받기 위해 웃기는 사람이 되기로 결심하고 노력했던 것처럼, 아르바이트 하는 곳의 사람들에게 일 잘하고 눈치 빠른 사람으로 보이기 위해 노력했습니다.

처음 일했던 그곳에서 우연히 들었던 일 잘한다는 칭찬 그 한마디에 자극을 받았습니다. 언제나 갈망했던 관심과 주목을 엉뚱한 곳에서 받자, 묘한 희열이 느껴졌고 그 말과 관심이 무척 좋았습니다. 막내였기 때문에 잔심부름도 마다하지 않았고 사장뿐만 아니라 형과 누나들 그리고 주방 아주머니들에게도 인정을 받았습니다.

그때는 경양식 집이라는 곳에서 커피와 돈가스 등을 팔았고 칵테일까지 만들어서 판매했습니다. 그곳은 칵테일 전문이어서 저는 바텐더 보조 일을 했는데 바텐더 형이 만드는 모습을 보면서 메모를 해놓았습니다. 형이 펑크를 낼 때면 시키지 않아도 제가 척척 만들어냈고 한가할 때는 바에서 나와 손님들 잔심부름과 음식 서빙도 했었기 때문에 일 잘한다고 귀여움을 많이 받았습니다. 제 할 일만 한 것이 아니라 한가한 틈을 타서 다른 형 누나들의 일을 도왔습니다.

덕분에 당시 시급이 1000원 미만이었는데, 저는 아마도 일 잘한다는 이유로 1000원 이상을 받았던 것 같습니다. 특히 시급과는 별도로 손님들에게 팁을 많이 받았던 기억이 납니다.

같이 일하던 사장, 형, 누나, 주방아주머니는 비록 학력은 아주 낮았지만, 좋은 사람들이었습니다. 그때 당시에는 셰프라는 개념도 없을 때라서 대충 음식도 만들고 뭐든지 경험으로 뚝딱 해냈습니다. 똑똑하다는 소리를 들을 수밖에요. 제가 스프도 만들고 돈가스도 만들었던 걸 보면 제가 일을 잘해서이기도 하지만 그만큼 체계가 없었기 때문인 것 같습니다. 그때는 레스토랑도 체계를 갖춰서 일을 하는 곳이 드물었습니다.

같이 일하던 사장이나 주방아주머니는 본인의 친구들과 지인들이 오면 일 잘하고 똑똑한 놈이라고 소개해주었습니다. 그리고 친구들에게 용돈이나 쥐어주라고 저를 불러서 인사를 시킨 경우도 있습니다. 같이 일하던 형들은 또래의 다른 아르바이트생과는 대놓고 차별하면서 "넌 꼭 공부해라"라고 특별한 대우를 해주었습니다.

같이 일하던 사람이나 손님들을 보면서 사회적 영향력에 대해서도 눈을 뜬 것 같습니다. 당시 사장이 속칭 '파워가 있는 분'이었나 봅니다. 손님들이 많이 오는 시간에는 구청에서 주차단속을 하지 못하도록 조치를 취할 정도였습니다. 그런 일들을 보면서 소위 '특권'에 대해 관심을 가졌습니다. 옳고 그름의 문제가 아니라 저런 특권을 누릴 수 있다는 사실이 신기했고 대단하게 생각되었습니다. 레스토랑에서 같이 일하던 형 중에 배우 최민수 씨와 많이 닮았던 잘생긴 형이 있었는데, 그 형이 제게 이렇게 조언한 적이 있습니다.

"인마, 너는 정당하게 성실을 무기로 살아가. 나는 얼굴로 먹고 살아야 하는 한심한 인생이야. 하지만 넌 그렇게 살지 말고 공부 할 수 있을 때 꼭 공부해. 그래야 나처럼 한심하게 안 살 수 있어."
"형이 더 좋아 보이는데요?"
"인마, 사람은 자기가 가지고 있는 장점을 최대한 이용해야 해. 나는 그 장점을 이용하려고 얼굴로 먹고 사는 거야. 그렇다고 내가 한심하지 않은 건 아니야. 나도 내가 한심하다는 것쯤은 잘 알고 있어. 그러니까 너는 정당하게 성실을 무기로 살아가라."

지금 생각하면 형 입장에서 애정 어린 조언이었다는 것을 알지만, 당시에는 형의 말을 잘 이해하지 못했습니다. 오히려 그 말을 듣고 어리둥절했던 기억이 납니다. 지금은 물론 그 말의 의미를 알고 있습니다. 형이 제게 조언했던 그 순간을 아직도 기억하고 있습니다.

❤ 묵묵히 일한다고 다가 아니다

저는 청계천 7가에서 도시락 배달 아르바이트도 했습니다. 그 동안 어른과 대화를 많이 해보지 않고 자란 탓에 눈치껏 적응해야 했는데 가장 쉬운 건 요령 부리지 않고 묵묵히 일하는 것이었습니다. 쉽지 않았지만 그래도 다른 힘든 것보다는 차라리 묵묵히 일하는 게 낫다는 생각으로 하다 보니 칭찬을 받았고, 그 칭찬은 저를 더욱 묵묵히 일하게 만든 것 같습니다.

항상 좋은 일만 있던 것은 아닙니다. 한 번은 사고가 발생했습니다.

당시에는 두타와 밀리오레가 없던 시절이라 흥인시장이 '도깨비 시장'이라고 불렸습니다. 이 도깨비 시장에는 지방 상인들이 특히나 많이 몰려들었습니다. 그래서 주변 상가는 항상 바빴고 점심을 시켜 먹는 상인들이 많았습니다.

제가 아르바이트 했던 곳은 도시락 배달 업체였는데 오토바이 3대와 자전거 2대로 배달을 했습니다. 오토바이와 자전거로 배달하는 금액은 같았습니다. 출근 첫날 저는 오토바이를 처음 탔지만 1시간 만에 익숙해져서 인도가 아닌 중앙선을 넘나들며 빠르게 이동했습니다. 반면 다른 아르바이트생은 인도로 다녔기 때문에 안전했지만 천천히 배달을 했습니다.

출근 첫날 사장이 신임하는 아르바이트생이 있었는데 첫날부터 그 친구와 경쟁이 붙었고 결과적으로 제가 더 많은 배달을 했습니다. 사장은 주문전화만 받았기 때문에 주방아주머니와 함께 도시락을 준비하던 사장 부인은 그 사실을 알고 있었습니다.

그런데 어느 날 도시락 배달을 하다 지나가는 행인의 바지를 찢어버리는 사고가 발생했습니다. 당시 제 월급은 주급으로 15만 원을 받았는데 사고 비용으로 물어준 금액이 12만 원이나 되었습니다.

사장은 "무조건 사고 난 건 네 잘못이기 때문에 비용 처리는 안 돼"라고 말했습니다. 사장 부인은 제가 훨씬 많이 빠르게 제대로 배달하는 걸 알았기 때문에 저를 잡으려 했지만 사장은 묘한 고집을 부렸습니다.

저는 당연히 사고 비용 처리를 해줄 거라고 생각했습니다. 묵묵히 일해서 인정을 받겠다는 생각에, 다른 아르바이트생들이 10개 배달할 때 저는 거의 20개를 배달했고, 그 과정에서 발생한 사고였기 때문입니다.

당연히 처리가 될 것이라고 생각한 사고 비용은 결국 제가 직접 처리해야만 했습니다. 얼마 되지도 않는 월급에서 사고 비용을 뺐습니다. 현실은 이상과 달랐습니다.

그 사건 이후 삶의 방향에 다시 한 번 생각했던 것 같습니다. 묵묵히 일만 한다고 세상이 알아주는 것이 아니라 나를 제대로 알리고 보여 주어야 한다는 생각을 하게 되었던 것입니다.

지금 돌이켜보면, 꼭 이 사건이 나쁜 일만은 아니었다고 봅니다. 무엇을 하든지 이제껏 한 번도 해보지 못했던 1등이라는 걸 해보고 싶다는 생각을 했던 계기가 되었기 때문입니다. 당시의 그 억울함을 보상 받기 위해서라도 1등을 해야겠다고 결심했습니다. 그래야 따뜻한 관심을 받고 주목을 받을 수 있을 것 같았습니다.

그래서 하고 싶은 일보다는 내가 잘 할 수 있는 일을 선택하게 되었고 그 속에서 만족감을 찾으며 일하는 습관이 생겼습니다.

아르바이트를 하면서 돈이 생기자 친구들에게 더 인기가 많아졌습니다. 집에서 용돈 받는 친구들과는 달리 여유롭고 풍족했기 때문에 그랬던 것 같습니다. 주머니는 두둑했지만 가슴속은 항상 허전했던 방황의 시기였습니다.

허전한 가슴을 채워주던 것은 역시 그림이었습니다. 아르바이트 하던 곳에서 같이 일하던 형이 '공부할 수 있을 때 공부하는 것이 가장 좋다'고 조언했던 게 생각났습니다. 저는 제가 즐거워하면서 배울 수 있는 게 무엇일지 한참 고민했습니다. 그리고 제가 배울 때 즐거웠던 것은 그림밖에 없었다는 결론을 내렸습니다. 결국 형의 조언대로 저는 다시 화실을 찾아 그림을 그리게 되었습니다.

빈센트 반 고흐를 생각하면서 그의 인생처럼 굴곡이 있어야 다양한 그림을 그릴 수 있다는 위안도 했습니다. 지금도 빈센트 반 고흐를 생각하면 동료화가 폴 고갱과의 다툼으로 귀를 잘라버린 일화가 가장 먼저 떠오릅니다. 그는 어떤 사람이었기에 그렇게 격정적이었는지는 잘 몰랐지만, 그의 격정적인 삶이 제 굴곡진 삶과 매우 닮았다고 생각했습니다.

반 고흐를 처음 본 건 새아버지 서재였습니다. 거기서 보았던 서양화 도감에 빈센트 반 고흐 편이 있었는데, 비교적 인쇄가 잘된 도감이어서 매우 선명한 그림을 볼 수 있었습니다.

그중 가장 좋았던 그림은 '감자를 먹는 농부들'이라는 작품이었습니다. 그 그림을 보면서 농부들 주변이 우울하고 어두웠지만, 저는 어둠속에서 비춰진 불빛을 희망이라고 생각했습니다. 그 불빛은 지금까지도 선명하게 제 뇌리에 자리하고 있습니다.

아르바이트를 하면서 여러 사람들에게 사랑받으면서 저는 사람의 관계라는 건 아주 쉽다는 교만한 생각도 했습니다. 하지만 분명한 사실은 내가 조금만 양보하고 희생하면 그게 모두 내게 인정과 관심으로 돌아온다는 것이었습니다. 그 과정에서 느꼈던 희열이 아직까지 잊히지 않습니다.

당시에는 지방에서 올라온 웨이터 형들이 많았기 때문에 레스토랑에서 숙소를 제공하는 곳이 많았습니다. 그리고 레스토랑 내에도 방이 있었기 때문에 어렵지 않게 숙식 해결이 되었습니다. 그래서 그간 부모님과 연락을 완전히 끊고 살 수 있었습니다. 그런데 건전한 생각이 머릿속을 지배하자 다시 친어머니에게 연락을 했습니다.

오랜만에 본 친어머니의 삶은 여전했고, 그런 힘겨운 삶을 순순히 받아들이면서 살고 있는 모습이 안타까웠지만 어떤 위로도 할 수 없었습니다. 이상하게도 밉고 원망스러웠지만, 혹시나 새아버지에게 얻어맞고 살지는 않을까 걱정되어서 어쩔 수 없이 찾아갔습니다.

❤ 작은 배려는 큰 관심과 사랑으로 돌아온다

아르바이트에 나이트클럽을 전전한 탓에 저는 학교를 제대로 다니지 않았지만, 고등학교 1학년 때 제 담임이셨던 선생님의 배려로 졸업장은 받을 수 있었습니다.

고등학교 1학년 여름방학식 날, 일일찻집을 운영했다는 사실이 발각되어서, 점심시간부터 저녁때까지 먼지가 풀풀 나게 맞았던 기억이 납니다. 당시 시범 케이스로 7명 정도가 매를 맞았는데 여자 선생님이셨던 그 분은 1인당 100~250대까지 빵과 소화제를 먹으면서 끝까지 때렸습니다. 반 아이들 전체가 집에 가지 못하고 맞았는데, 그 당시에 가장 많이 맞았던 준신이라는 친구의 삼촌이 기자였던 탓에 선생님이 치료비까지 대줬던 기억이 납니다.

하지만 그 친구 정도를 제외하면 저와 나머지 친구들은 어차피 집에서 내놓은 놈들이라 당시 얻어맞던 일로 큰 문제를 일으키지는 않았습니다. 다만 좀 얼굴이 팔리는 정도였죠. 총 129대를 맞았던 전 여름방학 내내 멍이 가시지 않아서 반바지를 못 입었습니다. 그래도 친구들 사이에서는 매를 버텨냈다는 엉뚱한 영웅심으로 유명해졌고, 덕분에 저는 편하게 남은 학교생활을 할 수 있었습니다.

얼마 전 케이블TV에서 '응답하라' 시리즈가 인기를 모은 적이 있습니다. 그 드라마로 스타가 된 '정우'라는 배우가 있습니다. 배우 정우의 데뷔작은 '바람'이라는 저예산 영화입니다. 정우가 열연했던 주인공을 보면서 많이 웃고 공감했습니다.

영화 속 주인공은 평범하지만 싸움 잘하는 주변 친구들 덕에 별 탈 없이 성장합니다. 저 역시 영화 속 주인공처럼 평범했지만 주변의 친구들 덕분에 강한 이미지로 비춰졌고 싸움을 잘 하는 것보다 처신을 잘하는 것이 중요하다는 것을 일찍 깨닫게 되었습니다.

아르바이트를 할 때 만났던 사람들은 아르바이트를 하는 학생 신분인 저에게 심리적인 안정감과 자신감을 주었던 것 같습니다.

저는 친아버지가 새아버지를 모욕했던 사건을 계기로 집을 박차고 나오게 되었지만 그때 가출했기에 이화여대 앞 레스토랑이나 도시락 배달 아르바이트 등을 하면서 세상을 알 수 있게 되었습니다. 그 과정에서 가장 크게 배운 것은 바로 성실함의 중요성입니다.

학창시절에는 제가 굳이 성실할 필요가 없었고, 성실하더라도 긍정적인 결과를 얻을 수 있었던 경험이 많지 않았습니다. 하지만 다양한 일을 하면서 조금만 양보하고 배려하면 인정과 관심으로 되돌아온다는 사실을 경험으로 알게 되었습니다. 제가 좀 더 열심히 일하면 그만큼 사람들은 제게 대우해주었기 때문입니다.

또한 방황을 해보기도 하고 레스토랑에서 일하면서 성실함의 중요성을 깨달았습니다. 특히 당시에는 어리둥절했던 최민수 씨와 닮은 형이 '성실을 무기로 살아가라'고 했던 조언이 지금 생각해보면 크게 다가왔습니다.

청계천에서 배달 업무를 하던 일도 상당한 교훈이 되었습니다. 열심히 일했지만 사고 비용을 제 돈으로 처리하면서, 묵묵히 일한다고 다가 아니라는 사실을 알게 되었던 것입니다. 그리고 후일 청계천으로 되돌아와 털실 도매상에서 일하게 된 계기가 되었습니다. 왜냐하면 일할 곳을 찾을 때, '제대로 나를 보여줄 곳을 찾아야 한다'는 생각을 처음 하게 된 것이 이때부터였기 때문입니다.

길게 보면 결국
세상은 공평하더라

'새옹지마塞翁之馬'라는 고사에서 알 수 있듯, 복은 화가 될 수 있고 화가 다시 복이 될 수도 있습니다. 젊은 시절 저는 이 고사처럼 좋은 일이 나쁜 일이 된 적이 많았습니다. 나쁜 일이 연속으로 일어났다고 보면 되겠네요. 그러나 나쁜 일은 금세 좋은 일이 되진 않았습니다. 그 사실이 저를 더욱 고통스럽게 만들었습니다.

하지만 시간이 지나자 깨달은 바가 있습니다. 나쁜 일을 좋은 일로 만드는 것은 제 자신이라는 점을 말입니다. 제 마음가짐으로 나쁜 일을 교훈삼아 앞날을 대비하고자 할 때, 나쁜 일은 그제야 좋은 일이 되었습니다.

🌱 학벌이 부족하면, 학벌이 중요하지 않은 곳으로 가라

친어머니 집에 다시 들어가 살게 되면서 저는 좀 더 둥글둥글해 졌습니다. 아르바이트를 통해 세상살이를 경험하면서 전보다 어울 리며 살아가는 방법을 조금이나마 알게 되었다고 해야 할까요.

어린 시절 함께 지내기도 했던 사촌형의 훈련소 퇴소식도 어머 니와 함께 참석했습니다. 사촌형은 저보다 두 살 많은데, 친아버지 와 새아버지를 어머니에게 소개해줬던 이모의 아들입니다. 늠름하 게 변한 모습을 보면서 더 사촌형과 친해지고 싶다는 생각을 했습니 다. 저를 그토록 매질을 했던 이복형과는 달리, 사촌형은 제게 모질 게 대하지 않았던 게 큰 영향을 미친 것 같습니다.

독발골 시장통의 꼴통이었던 사촌형은 뒤늦게 철이 들어서 나름 열심히 살았고 '미ㅇ'이라는 대기업에 입사하게 되었습니다. 하지만 그 스트레스가 심했던지 많은 갈등을 했습니다. 상고에서 우수한 성 적으로 졸업하고 대기업에 입사했지만, 회사 생활은 녹록치 않았습 니다. 본인은 상고 출신인데, 주변 동기들은 대학 출신인 경우가 많 아 학력 때문에 갈등이 많은 것 같았습니다.

특히 사촌형은 입사 후 학력이 회사 생활에 미치는 영향에 대해 종종 말했습니다. 상고 출신은 항상 한계점이 존재한다고 말하면 서, 아무리 노력해도 벽을 넘어 설 수 없다는 말을 자주 했습니다. 그리고 대졸 출신들이 고졸 출신들을 대놓고 무시한다고도 말했습니다. 지금이야 그런 일이 많이 줄었겠지만 그때는 그런 일이 많았나 봅니다. 이 말을 듣고 저는 다시 초등학교 때 단짝친구가 떠올랐습니다. 그리고 '학력에 대한 갈등과 한계가 존재한다면 나는 어떤 길을 선택해야 하는 걸까?' 하고 많은 고민을 했습니다.

자연스럽게 저는 사촌형과 대화하는 시간이 많아졌습니다. 그만큼 더 가까워질 수도 있었습니다. 또한 후일 제가 어디서 일해야 유리한지에 대해서도 생각해볼 수 있는 계기가 되었습니다. 형과 이야기하면서 학벌이 중요하지 않은 곳에서 일해야 한다는 생각을 하게 된 계기였기도 합니다. 이왕 인생을 투자할 바에는 학벌을 따지는 곳보다 학벌이 중요하지 않은 곳에 있어야 성공할 확률이 보다 높을 테니까 말입니다.

결국 사촌형은 퇴사를 결심했습니다. 미ㅇ에서 사촌형은 겨우 1년을 간신히 채우고 나왔던 걸로 기억합니다. 그리고 퇴사하기 전 마지막으로 제대로 놀고 싶다며 저와 함께 여름휴가를 떠나자고 했습니다. 형은 전국일주를 계획했고 첫 장소로 용인의 놀이동산을 선택했습니다. 여기서 저는 잊을 수 없는 사람을 만났습니다.

❥ 인생을 바꾼 첫사랑의 기억

아르바이트를 하면서 저는 사랑받는 방법을 배웠던 것 같습니다.

머리도 커졌지만 그만큼 내면도 성장할 수 있었습니다. 하지만 정말 제 내면이 성장하고 사랑받는 방법을 배우게 된 계기는 아직도 잊을 수 없는 첫사랑을 만나면서입니다. 첫사랑을 만나게 된 계기는 사촌형과의 여행이었습니다.

사촌형과 함께 간 놀이동산에서 유독 넓은 창의 모자를 쓴 여자가 눈에 들어왔습니다. 그녀는 원피스를 입고 있었고 눈이 무척 컸습니다. 눈을 잘 깜박거리지 않아서 눈이 더욱 커 보였습니다. 그날은 베이지색 원피스를 입고 짙은 색 구두를 신고 있던 것으로 기억합니다.

그녀는 바이킹이라는 놀이기구 앞에 줄서있었습니다. 그녀를 보면서 저는 뭔가에 이끌리듯이 바이킹 앞으로 가게 되었습니다. 몰래 그녀를 관찰했습니다. 그녀는 바이킹만 연속으로 3번을 타더군요. 저는 그저 그녀를 바라보기만 했습니다.

그녀는 친구인 듯한 여자와 함께 있었는데, 그녀와 시간을 보내고 싶다는 사촌형의 말에 용기를 내어 그녀의 친구에게 말을 건넸습니다.

"저기요, 무섭지 않으세요?"
"왜요?"
"저는 고소공포증이 있어서 높은 곳에 못 올라가거든요."

두 사람은 깔깔 거리면서 제 말을 무시했고 또다시 바이킹에 올라탔습니다. 그리고 그들은 바이킹을 한 번 더 탔습니다.

사촌형의 부탁이 아니라도 저는 그녀 때문에 그 자리를 뜰 수가 없었습니다. 그녀의 커다란 눈망울이 계속 생각났습니다. 바이킹에서 환호를 지르는 그녀의 모습이 가까워지면 심장이 터질듯 숨이 막혔고 멀어지면 안타까움이 밀려왔습니다.

잠시 후 그녀는 바이킹에서 내려왔고 친구와 함께 갑자기 사라졌습니다. 저는 주위를 두리번거리다가 그녀를 다시 찾았고 용기를 내어 달려갔습니다.

"저기요, 배고프죠? 우리가 콘도에 저녁을 준비하다 말고 잠깐 나왔거든요. 놀려면 밥을 먹어야 해요. 맛있는 저녁 대접할 테니 밥 먹고 합시다."

이 말에 그녀가 웃었고 싫지도 좋지도 않은 묘한 표정으로 저를 보았습니다. 저는 다시 용기를 내어 말을 이어갔습니다.

"자, 이쪽이에요."

이렇게 말하며 앞장섰고, 혹시 그녀가 안 따라오면 어쩌나 두리번거리면서 숙소인 리조트로 향했습니다. 저녁은 당연히 준비되지 않았고 빨리 준비하겠다고 넉살을 부리면서 그녀에게 도와달라고 말했습니다. 그렇게 짧은 시간을 보냈고 다음에 또 만나자는 약속을 그녀가 받아줬습니다. 그땐 어떻게 그런 용기가 불쑥 솟았는지 모르겠습니다. 어찌됐든 과정이 조금 어설프긴 했지만 저는 그렇게 그녀와 친구가 될 수 있었습니다.

독특한 사고방식의 그녀는 신념이 무척 강했고 정치에도 관심이 많았습니다. 당시 정치 상황에 관심이 많아서 가끔 데모에 참여한다고 말했습니다. 기성 정치인을 비판하는 신념도 있었고, 교수나 주변 기성세대의 권위의식과 잘못된 교육행정을 단지 비판만 하는 수준에서 그치는 것이 아니라, 그에 대한 구체적인 대안도 갖고 있었습니다.

교사를 꿈꾸는 대학생이었지만 학생을 가르치는 일보다는 몸으로 부딪히면서 다양한 경험을 할 수 있는 활동적인 일을 하는 것이 맞겠다는 생각을 했습니다. 그녀와 전 서로가 맞지 않는 옷을 입고 있다는 공통점을 찾았습니다.

대화가 통하자 급속도로 가까워졌고 바다를 좋아하는 그녀 때문에 바다 이야기를 주로 나누었습니다. 주로 서해 쪽으로 많이 여행을 갔는데, 그녀는 잔잔한 동해보다는 변화무쌍한 서해를 좋아했습니다.

"저는 바다의 색감이 좋아요. 푸르른 듯 보이지만 맑고, 맑은 듯하지만 검은 빛을 띠고 있거든요. 그런 바다의 색감은 어디서도 볼 수 없는 신비로운 색이라서 저는 바다가 좋아요."

날이 하얗게 새도록 시간을 보내도 그녀는 흐트러지는 모습을 보이지 않았고 그런 모습이 경이롭고 신비하게 느껴졌습니다.

사랑하는 것은 정말 중요합니다. 사랑을 받으면서 본인이 얼마나 가치 있는 존재인지 깨달을 수 있기 때문입니다. 그 사랑이 풋사랑이든 깊이 있는 사랑이든 그것은 전혀 중요하지 않습니다. 나이가 몇 살인지도 중요한 게 아닙니다. 진정으로 사랑을 해본 사람은 사랑을 통해서 배울 수 있는 어떤 느낌이 있습니다. 저 같은 경우에는 그녀를 만난 게 고통스러웠던 삶의 보상이라고 생각했고, 더 많은 시간을 보내기 위해 노력했습니다. 그녀 때문이라도 공부를 열심히 해서 대학생이 되어야겠다는 생각을 하기도 했습니다.

❧ 벼랑 끝에서 나를 잡아준 독서

제게 왜 안 좋은 일은 끊이지 않고 일어나는지 모르겠습니다. 그녀는 바다를 좋아했고, 좋아하는 바다에 가기 위해서는 자동차가 꼭 필요했습니다. 저는 친어머니의 자동차를 몰고 나가 그녀와의 소중한 추억을 만들어갔습니다.

그러나 그녀와의 시간은 그리 오래가지 못했습니다. 비가 세차게 내리던 날, 공사 중이던 국도에서 교통사고가 일어났기 때문입니다.

용인에서 그녀를 만나 대천 바다로 가던 길이었습니다. 대천으로 가기 전 검문소를 지나면서 저는 안전벨트를 했습니다. 그런데 그녀에게 안전벨트를 하라고 알려준다는 게 그만 이런저런 대화를 하다가 잊고 말았습니다. 지금은 도로가 넓어지면서 흔적도 없이 사라졌지만 그때에는 심한 커브길이 유독 많았습니다. 비가 오는 밤이었고 거의 90도로 꺾이는 도로에서 저는 그냥 액셀러레이터를 밟아댔습니다.

결국 심한 커브길에서 차가 빗물에 미끄러지면서 자동차는 전신주를 들이 박았습니다. 그녀는 머리로 차 앞유리와 충돌했고 조수석은 거의 함몰되었습니다. 그 순간은 그 장면 말고는 다른 아무 것도 기억나지 않습니다.

잠시 후 119구급차가 왔고 그녀와 저는 병원으로 이송되었습니다. 저는 치아가 약간 으스러졌고 턱밑의 부상으로 14바늘을 꿰맸습니다. 병원에 응급 환자가 많아서 다른 병원에서 치료를 받고 그녀가 있는 병원으로 갔습니다. 병원에 도착하니 그녀는 가쁜 숨을 몰아쉬고 있었습니다. 그게 그녀의 마지막 모습이었고, 잠시 후 그녀는 먼 곳으로 떠나버렸습니다.

그녀와 달리 저는 당시 안전벨트를 매고 있었던 덕분에 치아가 몇 개 부서지고 턱밑에 흉터만 남은 수준으로 살아남았습니다. 하지만 결코 다행이라는 수식어를 붙일 수가 없습니다. 치아와 흉터 따위와는 비교할 수 없을 정도로 소중한 것을 잃었기 때문입니다.

사랑하는 사람을 잃었다는 것도 너무나 슬펐지만, 그녀를 잃고 저 혼자만 살아남았다는 것은 더 큰 죄책감과 두려움으로 다가왔습니다. 하루하루 살아가는 게 너무나 힘들었습니다. 그녀 없는 세상을 살아가야 한다는 허무함과 공허함이 밀려왔습니다. 또다시 두렵고 억울한 시간이 찾아왔습니다.

저는 운전 중 사망사고를 일으켰기 때문에 교통사고처리특례법에 따른 교특범으로 재판을 받아야 했고, 110일이라는 기간 동안 교정시설에 머물렀습니다.

홍성교도소에 있었는데 미결수 신분이었고 만 20세가 간신히 넘어서 교특범들이 모여 있는 곳에서 생활했기에 교도소 안에서는 나름대로 저를 귀여워해주시는 죄수들이 많이 있었습니다. 특히 대천의 조직폭력배들이 많이 있었는데 그중 중간보스급이었던 윤현○이라는 분이 저를 많이 귀여워해줬던 기억이 납니다. 그 분은 저와 나이 차이가 있었는데도 존댓말을 사용하면서 저를 크게 배려해주었습니다. 그 덕분에 그곳에서 특별대우를 받았고 나름 배우는 것도 많은 시간을 보냈습니다.

출소 후 그 분과 대천 바닷가에서 재회한 적이 있는데, 영화처럼 쫓겨 다니면서 매번 거주지를 옮긴다고 말했습니다. 그 모습이 위태로워 보였는데, 지금은 안정적인 생활을 하고 있기를 바랍니다.

재판을 기다리는 미결수의 신분으로 있었던 그 시간, 하루는 무척이나 길었습니다. 저는 미결수였기 때문에 노동을 하지도 않았고, 그렇다고 운동을 위해 주어지는 시간도 무척 짧았습니다. 계속 교정시설에 머무르는 수밖에 없었습니다.

대략 20개의 방이 있었는데, 죄수들은 아침 6시에 기상을 해서 방별로 차례차례 세면을 했습니다. 제가 홍성교도소에 입소한 시점은 늦여름부터 겨울까지였는데, 매일 차가운 물로 목욕을 하면서 맑은 기운으로 하루를 시작했습니다. 물론 차가운 물이긴 했지만 매일 목욕을 한다는 것은 상당한 특권입니다. 이것도 윤현○이라는 분의 배려가 있었기 때문에 가능했던 일이었습니다.

당시에는 교도소에서 제공하는 음식 중 버터가 있었는데, 버터에 밥을 비벼 먹었기에 살이 많이 쪘습니다. 또, 운동량도 적었고 움직임이 많지 않은 탓에 20kg 이상 살이 붙었습니다.

제가 있던 방은 주로 교특범만 있었기에 건전한 사람들이 많았지만 다른 미결수 방들은 잡범들과 사기꾼 등 다양한 범죄자들로 가득했습니다. 그곳도 사람 사는 세상이라 나름의 행복을 만들어가는 사람들도 많았습니다. 책을 읽는 사람, 아내에게 줄 선물을 칫솔로 만드는 사람 등, 유형은 달랐지만 각자 자기 나름의 행복을 찾고 있었습니다. '교도소에서는 비행기만 빼고 무엇이든지 만들 수 있다'는 말이 있습니다. 저는 교도소 생활을 하면서 실제로 그 말을 실감

할 수 있었습니다.

사고로 피폐해진 마음은 주변에 많은 관심과 위로 덕분에 조금씩 아물어갔던 것 같습니다. 당시에는 얼굴도 예쁘장하다는 소리를 들을 때라서 어린 나이에 운전을 잘 못해 사고를 내고 들어왔다는 이유만으로 '서울의 부잣집 아들'이라는 소문이 났습니다. 때문에 기결수 미결수 할 것 없이 거의 모든 사람들이 저에게 호감을 보였습니다.

교도관들도 교특범이기 때문에 저를 함부로 대하지 않았고 다른 미결수들보다 많이 배려하였습니다. 군대에서 받았던 특혜와 관심을 그곳에서 먼저 받았기 때문에 그 느낌이 좋았습니다. 면회를 온 사람들도 있습니다. 단짝친구 때문에 친해질 수 있었던 연신중학교 친구들이 면회를 왔습니다. 모든 걸 초월한 듯 체념한 제 모습에 친구들이 많이 울었고 그 모습을 보면서 여러 가지 생각을 했습니다.

평온할수록 불안하고 괴로웠습니다. 남의 옷을 입은 듯 불편했고 또다시 불행하게 상황이 바뀔 수 있다는, 아니 불행하게 바뀔 것이라고 확신하기도 했습니다.

그곳에는 책이 무척 많았습니다. 할일이 없으니 당연히 책을 잡게 되었습니다. 두려움을 잊기 위해 책을 읽게 되었고 무료해서 책을 읽게 되었습니다. 책에 집중을 하는 시간만큼은 억울했던 마음과 그녀를 잊을 수 있었습니다. 이복형의 매질 때문에 가슴속에서 받아들여지지 않았던 독서였기에 그 즐거움을 처음으로 접하는 순간이었습니다.

110일 동안 미결수로 지내면서 매일 한 권의 책을 읽으며 책의 대한 소중함과 재미를 느꼈습니다. 책에서 모든 걸 얻을 수 있다는 진리를 알게 되었고 책이 얼마나 소중하고 재미있는지 알게 되었습니다. 책은 제 인생에 매우 큰 변화가 일으킨 계기가 되었습니다.

✔ 불공평함의 끝에서 발견한 공평함

110일 후 재판을 받고 저는 집행유예로 나왔습니다.

몸이 자유로워지자 또다시 잊고 있던 두려움과 죄책감이 밀려왔습니다. 죄책감과 그리움 그리고 험난한 인생에 대한 분노와 억울함을 어찌 풀어야 할지 몰랐습니다. 문득 그때 곁에서 아무런 말없이 있어주었던 친구들을 보면서 오히려 내가 더 낫다는 생각을 하기도 했던 것 같습니다. 원하지 않는 고통의 늪에서 성장했지만 친구들과는 달리 저에겐 스스로 꾸려가는 자유와 선택이 있었기에 부모 그늘에서 자라나며 모든 걸 통제받는 친구들보다는 낫다는 생각에서였습니다. 저는 다시 친어머니에게 돌아갔습니다. 제가 돌아간 곳은 친어머니 집이었는데, 새아버지도 저를 받아 주었습니다.

집에 돌아간 이후, 이제부터 어떻게 살아가는 것이 옳은 것인가 방황하면서 고통스러운 시간을 보냈습니다. 극단적인 생각까지 하고 있을 무렵 뜻하지 않게 군대 소집영장이 나왔습니다. 얼핏 교정시설에 있으면 군대는 면제가 된다는 말을 들었던 것 같은데 아마 잘못된 상식이었나 봅니다. 여하튼 교도소에서 나온 지 8개월 만에 입대했습니다. 입대 덕분에 오히려 방황의 종지부를 찍을 수 있었습니다. 아마도 군대 소집영장이 나오지 않았다면 방황과 고통의 시간은 끝없이 이어졌을 것입니다.

군대 가기 전 마지막으로 친아버지에게 연락을 했습니다. 친아버지가 종로 빈대떡 가게 앞에서 저를 버린 이후로 다시는 연락하고 싶지 않았지만, 친어머니의 중재로 한 번만 보자고 생각했습니다. 친어머니는 그때까지도 어리석게 친아버지를 잊지 못했던 것 같습니다. 그래서 저와 친아버지가 좋은 관계를 유지하길 바랐습니다. 그래서 어렵게 연락을 했고 마지막으로 만날 수 있었습니다.

마지막으로 보았던 친아버지는 여전히 본부인과 살고 있었습니다. 그때까지도 친아버지를 그리워하던 친어머니가 밉고 안타까웠습니다. 그러한 이유로 저는 군대 가기 전 마지막으로 친아버지를 만나 이렇게 말했습니다.

"당신을 더 이상 만나고 싶지 않네요. 죽을 때까지."

저 역시 종로에서 버림을 받은 이후로 친아버지에게 애착이라는 게 그다지 없었습니다. 지금 어떻게 재회하게 되어 다시 인연을 가진다고 하여도, 모두에게 득이 될 것이 없다고 생각했습니다. 그러한 이유로 마지막으로 만나서 더 이상 친아버지를 보고 싶지 않다고, 서로 다시는 만나지 말자고 했습니다.

그리고 저는 그 말을 끝으로 다시는 친아버지를 보지 않겠다고 결심했습니다. 씻을 수 없는 죄를 저질렀고 영원히 혼자가 되고 싶다고 생각했던 저는 또다시 자신을 단절의 관계 속으로 밀어 넣어 버린 것입니다.

실제로 그 이후 한 번도 친아버지를 만나지 않았습니다. 당연히 풍문으로라도 들려오는 소식조차 알 수 없었습니다.

그 후, 2014년 'SBS 좋은 아침'이라는 방송 프로그램에서 저를 찾아왔습니다. 그 방송 프로그램에 일반인을 대상으로 다큐멘터리를 촬영하는 코너가 있었고, 제 블로그를 통해 본 일상과 취미를 소개하고 싶다고 했습니다. 방송을 위해 사전 인터뷰 도중 아내가 큰애 돌잔치를 준비하면서 저 몰래 친아버지에게 연락했던 걸 알게 되었고 방송국에서는 친아버지와 재회하는 장면을 다큐로 만들자고 했습니다. 다시는 보고 싶지 않은 아버지였고 또한 제 아이들에게 어떻게 설명해야 할지 두려웠습니다. 망설이는 제게 아내는 우리 아이들을 믿어보자는 말을 했고, 아내의 의견을 존중하여 20년 만에 저는 친아버지와 재회하게 되었습니다.

20년 만에 만난 친아버지는 여전했습니다. 친아버지는 현재 본부인과 헤어져서 또 다른 여성분과 살고 있었습니다. 첫째 이복형은 딸을 낳았고 다른 이복형과 누나도 딸을 낳았다고 들었습니다. 이복동생은 재작년에 세상을 떠났다고 했습니다. 키가 컸었던 친아버지는 허리가 굽어 저보다 키가 작은 노인이 되어있었습니다. 그 와중에도 어떻게 다른 여성과 살고 있는지 신기할 정도로 이해하기 어려운 여성 편력이었습니다.

친아버지는 복권방을 운영하고 있습니다. 항상 남자란 모름지기 정치나 사업을 해야 한다고 입버릇처럼 말하며 미술을 하던 새아버지를 무시하던 그가 복권방을 한다는 사실이 한편으로는 의아스럽고, 한편으로는 쓴웃음을 유발했습니다. 복권방을 폄하하는 건 아닙니다. 다만 그의 포부와 평상시 신념과는 너무 다른 모습이었기에 쓴웃음이 나올 수밖에 없었습니다.

친아버지가 현재 살고 있는 모습을 보면 어찌됐든 길게 보면 세상은 공평한 게 아닌가 하는 생각도 듭니다. 젊을 때는 인생을 즐기면서 이솝우화 '개미와 베짱이'에 나오는 베짱이처럼 살았습니다. 심지어 자신이 뿌린 자식까지 외면하면서 말입니다. 그리고 그 결과는 제가 생각할 때 조금 안타깝습니다.

이솝우화에서 여름 내내 아무 걱정 없이 나무 그늘에서 악기를 연주하면서 놀기만 하던 베짱이는 결국 겨울이 닥치자 먹을 것을 찾을 수 없어 고생하게 되었지요. 반대로 여름내 땀을 흘리며 곡간 창고에 곡식을 모으던 개미는 여름을 희생했지만 겨울을 따뜻하게 보낼 수 있었습니다.

여기서 개미와 베짱이 중 누구의 삶이 더 나은 삶인지 판단하고 싶지는 않습니다. 다만 개미는 여름에, 베짱이는 겨울에 고생했습니다. 또 개미는 겨울을, 베짱이는 여름을 즐겼습니다. 이처럼 세상은 길게 보면 결국 공평하지 않을까 싶습니다.

세상은 하루하루 불공평함의 연속입니다. 하지만 여러분들은 불공평함의 끝에 공평함이 기다리고 있다고 믿어야 합니다. 물론 말처럼 쉽게 믿음이 생기는 것은 아닐 겁니다. 초등학교 시절 15만 원을 은행에 입금하고 오라는 심부름을 잘못해서 돈을 잃어버렸을 때, 똑똑한 형과 누나에게 공부 요령을 배운 친구와 제가 똑같은 시험을 보는 것 역시 공평하지는 않았습니다.

하지만 제 짧은 인생에서 저는 단연코 이런 말씀을 드릴 수 있습니다. 불공평한 세상의 끝엔 공평함이 기다리고 있다고요. "저런 녀석처럼 유머 있는 사람이 사회생활도 잘하고 인기가 많다"고 말씀해주셨던 사람은 다름 아닌 바로 선생님이었습니다. 크게 보면 선생님이 제게 던진 칭찬이 저를 바꾼 것이죠.

또, 방과 후 독서실에서 저 스스로에게 가슴 따뜻한 공간을 제공하는 데 가장 큰 영향을 미친 것은 친구들이었습니다. 단짝친구는 제게 따뜻하고 편안한 마음의 안식처를 제공했습니다.

방황해봤자 결국 자신만 손해를 본다는 사실을 기억해야 합니다. 뒤에 말하겠지만 저는 한때 제게 주어진 책임감과 부담감이 너무 무겁게 느껴져서 모든 것을 갑자기 놓아버린 적이 있습니다. 그 이후 제가 받아야 할 벌은 오히려 제 어깨에 주어진 책임감과 부담감을 더 크게 만들 뿐이었습니다. 반면 저와 같이 방황했던 집안이 좋은 친구는 모든 재정적 문제를 아버지가 해결해주었습니다. 역시 불평등함을 느꼈습니다. 하지만 하소연할 데가 없었습니다. 불평등하다고 모든 것을 포기해버리면 결국 자기만 손해입니다.

따라서 불평등한 대우와 환경은 일단 받아들여야 합니다. 지금 당장 근시안적인 시야를 벗어나세요. 고집 부려봤자 나만 후회할 뿐입니다. 일단 불공평해 보이더라도 받아들이고 나면 언젠가 또 다른 일이 벌어집니다.

이렇게 플러스와 마이너스가 더해져 0에 수렴하는 게 인생이 아닌가 싶습니다.

첫사랑을 만났지만 교통사고로 다시 세상에 혼자 남겨졌을 때는 세상이 너무나 밉고 불평등하다고 생각했습니다. 하지만 수감되지 않았다면 책의 중요성을 알지도 못했겠지요.

뭔가 이해할 수 없는 일이 자꾸 터지더라도, 어쩌면 장기적인 관점에서 결국 좋은 일이 될지도 모릅니다. 혹은 그렇지 않더라도, 나쁜 일이 터지면 그에 상응하는 또 다른 좋은 사건이 우리를 기다리고 있을지 모르는 일입니다. 그게 세상 돌아가는 이치라는 걸 이제야 알게 되었습니다.

장

누구나
1등이 될 수 있다

"

조금만 신경 쓰고 아이디어를 내면
훨씬 편하고 안전하게 일할 수 있을 텐데도,
대부분 '그냥 시간만 때우다 가자'는 식으로
일하는 사람들이 많았습니다.
그런 모습들을 보면서 저는
'더욱 열심히, 남들과 다르게' 일을 하자는 다짐을 했습니다.

"

특권을
누리는 사람이 되라

 남다른 어린 시절을 겪었던 저는 삶은 전쟁과 같다고 생각해왔습니다. 총성만 울리지 않을 뿐 제겐 인생이 전쟁보다 더 치열했습니다.

 일반적으로 전쟁은 많은 것을 앗아가지만, 그 와중에 정말 소중한 것이 무엇인지 알게 하는 계기를 마련해주기도 합니다. 전쟁 중 부상당한 동료를 업고 어디론가 달려가는 병사의 모습을 담은 사진이 화제를 모은 적이 있습니다. 고통이 큰지 동료의 등을 꼭 쥐고 힘들어하는 병사를 들쳐 업고 얼굴에 피를 묻힌 채 달려가는 병사의 모습에는 전쟁의 비참한 현실이 고스란히 드러났습니다. 동시에 제 몸 가누기도 어려운 위험한 상황에서도 동료를 위해 최선을 다하는 모습이 인상적이었습니다. 제겐 어렵고 힘들었던 과거의 삶은 가정과 일이 얼마나 소중한지 알게 된 계기가 된 것 같습니다.

✔ 위기를 기회로: 안식처가 된 군대 생활

한국에서 1971년부터 1973년에 태어난 사람들은 또래가 많습니다. 비록 베이비부머 세대는 아니지만 1960년대에 출생한 베이비부머 세대 바로 직후의 세대인 제 또래 세대는 베이비부머들에게 눌려 살았습니다. 입시도 힘들었고 취업도 힘들었으며 또래들이 사회에 진출하고 결혼적령기에 접어들었을 때는 집값도 높아 기본적인 생활을 영위한다는 게 윗세대에 비해서 쉬운 일은 아닌 이른바 '낀 세대'였습니다. 그랬기에 인생이 험난한 전쟁터처럼 느껴지는 것은 비단 제 개인의 생각만은 아니었을 겁니다. 저희 또래 세대 대부분의 생각을 대변하는 표현일 수도 있습니다.

치열한 전쟁터에서 경쟁을 하는 나와 친구들의 모습이 떠올랐습니다. 그래서 오히려 군대는 제게 안식처 내지는 휴식처처럼 느껴졌습니다. 저는 논산에서 4주 훈련 후 중차운전병으로 주특기를 받아 7주 동안 야수교에서 후반기 교육을 받았습니다.

훈련소에서 가장 기억에 나는 일은 단연 사격이었습니다. 그 전에는 물론 사격을 해볼 기회가 없기도 했었지만, 사격을 하면서 얻는 쾌감이 좋아서 사회에 나가면 꼭 사격을 하고 싶다는 생각을 했습니다.

야수교 훈련당시 교관들의 능수능란한 운전 실력도 상당히 인상적이었습니다. 파워핸들이 아닌 2.5톤의 차를 자유자재로 코스묘기를 부리거나 빠른 시간 내에 정해진 코스를 운전하는 신출귀몰한 실력들을 보고 감탄하였습니다. 더 놀라운 것은 자대 배치 후였습니다. 배치 받은 자대의 고참들은 교관들보다 더 화려한 운전 기술을 뽐내곤 했습니다.

이들의 비결은 무엇이었을까요. 한 마디로 말하면 '연습'입니다. 그들도 처음 군대에 입대했을 때는 저와 다를 바 없는 평범한 운전 실력을 보유했을 뿐입니다. 하지만 군대에서 매일매일 밥 먹고 운전만 하다 보니 신출귀몰한 달인 수준으로 바뀌었던 것입니다. 자연스럽게 저 또한 그들처럼 화려한 운전 실력을 배워가면서 연습과 노력에 대한 중요성을 알게 되었습니다. 이때 깨달은 것은 나중에 사업을 할 때 귀중하고 소중한 자산이 되었습니다.

연습의 중요성을 말할 때 꼭 떠오르는 중학교 친구가 한 명 있습니다. 이희ㅇ이라는 녀석입니다. 패트릭 스웨이지와 데미 무어가 주연한 영화 '사랑과 영혼'을 보고 도자기에 흠뻑 빠져서 도예를 전공했습니다.

다행히 집안 형편이 넉넉하여 이천에서 공방을 운영하면서 같은 전공자인 아내와 함께 순수예술을 했습니다. 아이가 크면서 도심 생활의 미련을 버리지 못했고 도심으로 나오면서 미술학원을 하긴 했지만 여전히 도자기에 흠뻑 빠져있었습니다. 이들의 사업(미술학원) 결과는 어땠을까요?

예상하다시피 처참했습니다. 뜬금없이 도자기 하는 친구 이야기를 꺼낸 이유는 이들의 모습이 DIY 공방을 운영하는 사람들과 비슷하기 때문입니다.

DIY 관련 공방을 운영하는 분들은 자신의 손재주만을 믿고 공방을 시작하는 경우가 많습니다. 미술을 전공한 이희ㅇ라는 친구 부부가 자신의 손재주만 믿고 사업을 시작한 것과 근본적으로 다르지 않습니다. 하지만 결과는 좋지 않았죠.

장사도 사업입니다. 사업 마인드 없이는 길거리에서 파는 행상도 성공할 수 없습니다. 그 친구 이야기를 좀 더 해보겠습니다. 저는 그 친구에게 보험영업을 권했습니다. 그리고 관련 책들을 선물했습니다.

열심히 시장 조사를 했고 친화력이 좋은 그 친구는 꽤 괜찮은 성과를 올렸습니다. 그러나 임플란트 보험 지급 과정에서 문제가 생기면서 보험 영업을 그만두게 되었습니다. 그 친구의 방황은 이때부터 시작되었습니다.

그 친구의 선택은 '장사나 하지 뭐' 였습니다.

게임을 좋아했던 그 친구는 PC방을 개업했습니다. 2008년 개업한 PC방은 1년을 버티지 못했습니다. 가게 위치가 나빴던 것도 아니고 알바에게 맡기고 여유를 부린 것도 아닙니다.

하지만 자신이 게임을 좋아해서 사용자의 심리를 안다는 것 외에는 다른 연습 과정이 없었습니다,

PC방 사업에서 실패한 뒤 두 번째 선택도 역시 '장사나' 하는 것

이었습니다. 지인의 추천으로 술장사를 시작했습니다. 개업 첫 날, 저는 그 친구에게 무척 화를 냈습니다. 초를 치는 것 같아서 미안했지만 그 친구는 술장사를 할 성격이 아니었기 때문입니다. 특히 바를 운영하는 것이라서 여직원을 고용해야 하기 때문에 그런 경험이 전무한 그 친구는 고전할 수밖에 없었습니다.

결국 또 실패. 이후 그 친구는 또 다른 지인을 통해 슈퍼마켓을 시작했습니다. 주변 친척들이 슈퍼를 하고 있었기 때문에 어느 정도 가능성이 있어보였습니다.

4년 동안 연락이 끊긴 그 친구에게서 얼마 전 연락이 왔습니다. 이제야 마음 놓고 친구를 만날 수 있고 집안도 안정되어간다고 합니다.

이 친구가 사업에서 성공과 실패를 한 이야기를 보면 공통적으로 한 가지 교훈을 얻을 수 있습니다. 모든 것에는 연습이 필요하다는 사실입니다. 특히 장사도 마찬가지로 연습이 필요합니다. 누군가 제게 상의를 한다면 저는 바로 공방을 운영하는 것보다는 해당 도매시장에서 최소한 6개월 정도 일하는 것이 좋다고 조언할 것입니다. 이 6개월이 바로 '연습하는 시간'이죠.

만약 일할 수 있는 여건이 안 된다면 1년의 시간을 투자해서 매일같이 도매시장으로 출근하는 것도 나쁘지 않습니다. 제일 규모가 큰 도매상과 친해지면서 도매상의 직원들과 친분을 나누면 같은 도매상도 알지 못하는 도매사입의 팁과 노하우를 배우게 됩니다. 그러한 경험을 바탕으로 사업의 원리와 이득을 알아가면서 장사를 준비하는 것이 좋습니다.

혹자는 이러한 시간투자가 중요한 타이밍을 놓칠 수 있다고 말할 수 있고 너무 알면 장사를 할 수 없다고 말할 수 있습니다. 그러나 타이밍은 다시 돌아오기 마련이고 많은 것을 알게 되어 장사를 시작할 수 없을 정도로 소심하다면 이런 성격은 사업과 맞지 않습니다. 이런 분들은 아예 사업을 시작하지 않는 것이 좋습니다.

제 친구는 PC방과 술집을 하면서 5년이라는 세월을 잃어버렸습니다. 만약 조금이라도 연습을 하고 시장 조사를 했다면 돈도 시간도 잃어버리지 않았을 겁니다.

이래도 '디러워서 직장 생활 못하겠다'라거나, '장사나 해야겠다'라고 말하겠습니까? '장사나' 하기에 앞서 연습부터 하십시오. 장사에 대한 연습과 준비가 없으면 돈 잃고 사람 잃기 딱 좋습니다.

군대는 보통 4주 기본 군사훈련 후 자대배치를 받지만, 주특기를 부여 받은 후에는 병과에 맞는 후반기 교육을 받게 됩니다. 그래서 후반기 교육이 길어질수록 동기들 하고만 시간을 보내기 때문에 자유로운 군 생활을 하게 됩니다. 자대에 배치 받아서 고생하는 동기들보다 훨씬 편안한 신병 기간을 보내는 것이죠. 그래서 종종 후반기 교육기간이 긴 병과나 주특기는 선망의 대상이 되었습니다.

저 역시 후반기 교육을 받고 배치가 된 관계로, 자대 배치를 받아서 가보니 동기보다 2달을 편안하게 신병 생활을 하게 된 셈이 되었습니다. 누군가는 이걸 '당연한 것'이라고 생각할지 모릅니다. 후반기 교육도 엄연히 훈련소 교육인 만큼 결코 녹록치 않습니다. 하지만 저는 신병으로 2달 동안 비인간적인 대우를 받으며 죽을 만큼 힘든 일을 당하는 것이 후반기 교육보다 더 싫었습니다.

나아가 저는 특권이라는 것을 처음 경험하게 되면서 그 기분과 느낌을 꼭 유지하고 싶었습니다. 언제나 억울하고 버려졌던 삶이었지만 군대에서 만큼은 특별한 대우를 받을 것 같은 예감으로 삶에 대한 희망이라는 걸 갖게 되었습니다. 후반기 교육이라는 어찌 보면 사소한 일은 제게 삶에 대한 뜻하지 않은 희망을 주었습니다.

❧ 어떤 조직에서든 인정받아야 한다

요즘도 그렇지만 그때도 군대 내에서 설문조사를 통해 '관심사병'을 찾았습니다. 관심사병이란 군대 내의 원리원칙에 적응하지 못하는 경우 특별히 유의해서 관찰해야 할 병사를 의미합니다. 적응의 정도에 따라 등급이 결정되는데 보통 A, B, C등급으로 구분합니다. 여기에서 A등급은 자살징후가 있는 특별관리 대상이고, B등급은 충분히 근무할 수 있는 중점관리 대상이며, C급은 기본관리 대상입니다. 등급에 따라서 역할이나 범위가 제한되기도 합니다. 예를 들어 A등급 관심사병의 경우 자살 징후까지 나타나는 특별관리 대상

병사이기 때문에 통상적으로는 GOP 근무가 제한됩니다.

저는 추측컨대 B등급 정도 되는 관심사병이었던 것 같습니다. 아마 설문조사 과정에서 순진하게도 성장과정은 물론 입대 전에 사귀었던 여자친구를 비극적으로 떠나보낸 이야기까지 시시콜콜하게 기록했기 때문일 것입니다. 아무래도 제 이야기가 평범한 내용은 아니었기에 제 설문조사 결과가 알려지자 저희 부대에서는 비상이 걸렸고 골칫덩어리가 들어왔다고 걱정이 많았습니다. 저도 모르는 사이 제가 관심사병이 된 것입니다.

그러나 전역 말년이었던 수송관의 따뜻한 배려와 관심으로 방황의 늪에서 완전히 빠져나올 수 있었습니다. 수송관은 원래 따뜻하기도 했지만 군대에서 그 능력을 인정받아 화려한 군 생활을 하셨던 분입니다. 다만 삼사출신의 간부라는 이유로 진급이 누락되면서 제대를 결심한 아픈 과거가 있습니다.

전역하기 전, 저의 바른 군 생활과 활력 있는 모습을 보면서 마지막 군 생활의 마침표를 찍고 싶다는 말씀을 하시곤 했습니다. 사람을 이끄는 마력이 있었던, 진정한 리더십을 갖춘 리더였다고 생각합니다. 그런 수송관은 제게 배차서무계를 맡으라고 하셨고 사수였던 병장은 삼촌처럼 큰형님처럼 따뜻하게 업무 인수인계를 해주었습니다.

아르바이트를 할 때 잘한다는 한마디에 인정받고 싶어서 열심히 했듯이 군대에서도 따뜻하게 대해주는 수송관과 사수에게 인정받고 싶어서 열심히 노력했습니다.

제 노력이 결실을 맺은 것이 검열 때입니다. 군대에서 가장 무서운 게 검열이죠. 그래서 대부분 두려워하기만 합니다. 특히 장비검열은 훈련과 전쟁보다도 무섭고 두려운 존재였습니다. 군장비를 점검할 때 초임이라서 사수 뒤에서 그저 지켜만 보면 되었지만 사수가 머리가 좋고 똑똑한데 당황하면 말을 잘 못하는 성격이라서 제가 대부분 답변하였습니다. 아무리 운전을 해도 알 수 없는 전문용어나 특수한 상황에 대한 걸 외우기 위해 한 달 동안 거의 잠을 자지 않고 노력했습니다. 그날 이후 저는 모두에게 인정을 받게 되었습니다.

돌이켜보면 저는 참 열심히 근무했고 제 자신을 희생할 줄도 알았던 것 같습니다. 군대라는 곳은 단점이 많지만, 분명 장점도 존재합니다. 장점 중 하나는 노력하는 만큼 보상이 주어진다는 것입니다. 제게도 인정받는 만큼 보상도 주어졌습니다. 그 보상이 저에게는 또 다른 기회이자 삶을 다시 꾸려갈 원동력이 되었습니다.

높은 사람들에게 인정을 받으면 반대로 바로 위 고참들에게 학대를 받기 마련이지만 배차서무계의 위력은 대단했습니다. 아무리 고참들이라고 할지라도 전역 후 서류 발행을 해줘야만 군운전경력이나 대형면허 발급을 받을 수 있기 때문입니다. 그런 연유로 고참들도 저에게 함부로 하지 못했습니다. 수송관도 그러한 이유로 제게 그런 임무를 주었고 특권을 누리라고 귀띔해주기도 했습니다. 아마 저를 좋게 보셨기 때문에 그런 귀띔을 해주신 게 아닌가 싶습니다.

✔ 평등에서 오는 특권

1994년 7월 8일, 군복무 당시 김일성 전 북한 국방위원장이 사망하였습니다. 전 군에 비상이 걸렸고 휴가를 갔던 병사들도 복귀하였습니다.

비상이 걸렸던 그날은 토요일로 기억합니다. 토요일은 군대에서도 가족들의 면회가 허락된 요일이기 때문에, 그날 군대에 면회를 온 가족들도 많았습니다. 갑자기 비상이 걸리자 외출이나 외박이 계획된 사병들은 외출, 외박은 꿈도 꿀 수 없었습니다. 그날 군대로 면회를 온 가족들도 되돌아가는 경우가 대부분이었습니다.

그러나 저는 수송관의 차를 타고 면회 온 친구들과 함께 외출하는 특권을 누릴 수 있었습니다. 수송관이 평소 좋게 보던 사병들 몇 명을 선택해 외출을 허락했기 때문입니다. 당시 저희는 105㎜ 포병 대대였는데, 대대장보다 수송관이 삼사 선배였기 때문에 실질적인 파워는 말년이라도 수송관이 더 셌습니다. 모두들 휴가에서 돌아오는 시기였는데, 퇴근하면서 면회를 끝내고 돌아가는 친구들과 제가 손을 흔드는 모습을 보셨다고 합니다.

내무반으로 돌아가고 있는데 수송관이 차에 타라고 저를 불렀고, 차에는 친구들이 타고 있었습니다. 수송관은 수원 시내로 가면 여러 사람들 눈에 안 좋을 수 있으니 조용한 병점 시내에 내려주시면서 외박해도 좋다고 말씀하셨습니다.

지금은 외출이나 외박이 군대에서도 매월 있는 것으로 알고 있지만 당시만 해도 외출은 쉽지 않았습니다. 게다가 저는 관심사병으로 분류되었고, 김일성 사망이라는 매우 특별한 사건이 발생해 비상이 걸린 상황이었기 때문에 외출은 기대조차 하지 않았습니다.

하지만 그날 수송관의 차를 타고 외출했던 일은 대단히 충격적인 경험이 되었습니다. 단순히 남들과는 다른 특권을 누릴 수 있다는 것으로 자부심을 가진 게 아닙니다. 누군가는 할 수 없지만 누군가는 가능한 일이 존재한다는 사실을 알게 되었습니다. 그리고 그 가능한 일의 범위에 속하는 사람이 되고 싶다고 생각했습니다. 그때의 그 느낌의 기억을 오랫동안 간직하고 유지하고 싶다는 마음이 들었습니다.

이후 대대장도 저를 데려가려고 할 정도로 부대 내에서 인정을 받았고 저 때문에 새로운 수송관이 수송부로 오기도 하였습니다.

물론 어느 부대, 사병들은 대부분 그렇듯이 바로 밑 후임들과는 사이가 그다지 좋지 못했지만, 그 정도를 제외하면 대부분 친하게 지냈습니다. 바로 밑 후임들과 친하게 지내지 못했던 이유는 제가 군대 생활을 지나치게 열심히 했기 때문인 것 같습니다. 저는 군 생활에서 나태해지지 않기 위해 병장 말년에도 신병들과 거의 비슷한 시간에 아침구보를 했으며, 전역 마지막 날까지 연병장 청소와 진축기지 풀베기 등의 작업을 했습니다. 그게 아마 후임들에게는 좋게 보이지 않았나 봅니다. 제가 구보나 청소, 풀베기 작업 등을 하면 후임들도 눈치를 보다가 어쩔 수 없이 나가서 제 작업을 도와야 했기 때문일 겁니다.

제가 8월 군번이었고, 바로 밑 후임이 11월 군번 1명, 익년 1월 군번 5명이었는데, 이들은 저를 워낙 무서워해서 저에게 불만을 얘기했던 적은 없었습니다. 다만 주로 자기들끼리 모여서 불만을 얘기했습니다. 예를 들어 이런 식입니다.

"저렇게 자기만 열심히 일하면 우리는 어쩌라는 거냐?"
"그러게. 본인이야 워낙 천성이 그렇다고 하지만, 우리는 상병 말호봉에 이게 뭐야?"

이런 식으로 그들끼리 불만을 토로하는 것을 엿들은 적이 있습니다.

후임병들이 저를 무서워했던 이유가 있습니다. 저희 부대에는 방위병이 더 많아서 방위병과 갈등이 많았는데 저는 그들과 싸워서 이겨냈습니다. 덕분에 현역병들은 방위병들과 더 이상 갈등을 겪지 않아도 됐습니다. 이런 갈등의 고리를 없애기도 했고, 하사관들과의 세력 다툼에서도 치고받고 싸우면서 현역병의 자존심을 지켜 내기도 했습니다. 이런 일이 있었기에 후임들은 불만이 있었지만 그 불만을 제게 직접 토로하지 못했습니다. 그러한 이유로 바로 밑 후임들과는 사이가 좋지 않았고 현재는 당시의 신병이었던 친구들과만 연락을 하고 있습니다.

물론 군대에서도 몸은 무척 힘들었습니다. 그러나 열심히 하는 과정을 거쳐 나중에는 특별한 대우를 받았던 느낌이 너무 좋았고 그 느낌을 유지하려고 부단히 노력했습니다. 그러다보니 더 희생하고 더 노력하게 되었습니다. 아예 특별한 대우를 받는 느낌을 더 많이 받으려고 몸을 혹사하면서까지 일했습니다. 결과적으로 바로 밑 후임병들은 계급이 올라갈수록 편해지는 것이 아니라 똑같이 저의 눈치를 봐야 했기 때문에 저를 무서워하고 불편해했습니다.

정리하면, 군대는 저를 인정해 주는 거의 유일한 곳이었다는 점이 좋았습니다. 또한 구성원 모두가 차별 없이 똑같은 조건을 가지고 똑같은 대우를 받는다는 것, 즉 평등하다는 것이 제일 좋았습니다. 그리고 저는 또 한 가지 인생 교훈을 배웠습니다. 똑같이 평등하게 대우받으려면 그만큼 치러야 할 대가가 있다는 교훈 말입니다.

🌱 일기 쓰는 습관을 들여라

사람들은 종종 "군대 갔다 와서 사람 됐다"는 말을 하곤 하죠. 저 역시 마찬가지입니다. 군대에서 배운 점이 참 많습니다.

군대에서 배운 것 하나. 되고 싶고 하고 싶은 것이 있으면 무조건 떠들고 다녀야 한다는 것입니다.

"난 잠이 없어."

"난 새벽에 무조건 4시 30분에 일어나."

실제로 내 계획이나 목표를 주변에 무조건 떠들고 다녔습니다.

이렇게 떠들고 나서 자꾸 그 말을 지키지 못한다면 어떨까요. 아마 실없는 사람으로 낙인이 찍힐 겁니다. 그래서 피곤하고 나약해질 때 주변 지인들에게 특히 가족들에게 말했던 내 이미지를 실추시키지 않으려고 그 약속을 지켜내고 있습니다.

그 효과는 군대에서 처음 접했습니다. 자대 배치 후 신병 때 점심을 먹고 30분간 잠을 자라고 하는 고참의 말에 원래 잠이 없어서 자고 싶지 않다고 엉뚱한 말이 나왔고 그 말을 책임지기 위해 잠을 이겨내며 군 생활을 마무리했더니 스스로 잠을 이겨내는 사람이 되었습니다. 책도 마찬가지입니다. 내 책을 꼭 쓰고 싶었기에 주변 지인들에게 먼저 말하고 다니면서 추진했습니다.

군대에서 배운 또 한 가지는 일기 쓰기의 장점입니다.

군대에서 행정병으로 근무하면서 저는 일기 쓰는 습관을 갖게 되었고, 그 습관은 지금까지 이어지고 있습니다.

제가 근무했던 내무반은 유난히 대학생이 많았습니다. 대학생들이 내무반 분위기를 주도하고 있는 상황이었기 때문에, 일병만 되면 책을 읽을 수 있도록 용인하였고, 분위기도 비교적 자유로웠습니다. 당시 쓴 일기를 지금은 가지고 있지 않지만 그 내용은 생생하게 기억납니다. 그 당시 일기는 주로 첫사랑 그녀에 대한 죄책감과 그리움 그리고 외로움에 대한 내용이었습니다. 그리고 고참병이 되어서는 하루 일과를 회상하는 형식으로 내일 할 일을 생각하면서 마무리하곤 했습니다.

요즘 쓰는 일기는 일기라기보다는 기록 위주의 시간별 메모지만, 아직도 군대에서의 습관이 남아있습니다. 내무반 고참이나 후배들의 분위기에 끌려 저도 매일 새벽 눈을 떠서 공부를 했고 책을 읽었습니다.

상병부터는 고참들과의 개월수가 차이가 많이 나서 친하게 지냈던 고참들은 일찍 제대를 했습니다. 나중에 안 사실이지만 거의 대부분이 대학생이었던 내무반 구성상 수송관의 특별 부탁이 있었고, 그런 이유로 제게 따뜻하게 대해주는 고참이 많았습니다.

특히 9개월 고참이었던 박우○ 병장과 친했는데 재작년 미국으로 가기 위해 일본에서 경유하던 중 우연히 스쳐 지난 적이 있습니다. 당시 서로 짐이 많아서 어영부영 하는 사이에 놓쳐서 재회를 못해 지금도 아쉽습니다.

박우○ 고참은 뭐든지 컸던 기억이 납니다. 손가락도 굵었고 목도 굵고 눈도 크고 얼굴도 크고, 거기에다 마음도 넓어서 제 얘기를 많이 들어줬습니다. 고참이긴 하지만 나이는 동갑이었기 때문에 둘이 있을 때는 말을 놓자고 했고, 꼭 사회에서 만나자는 약속을 자주 했습니다.

박우○ 고참은 위 고참들에게 혼이 많이 났지만 그걸 후임병들에게 풀지 않고 혼자 삭이면서 너그럽게 대해 주었습니다. 그 고참이 전역할 때쯤 본인 아버지 사업이 좋지 않아서 많이 힘들어 했던 기억이 납니다. 그런 경험이 제게 간접적인 경험이 되어 아마도 저도 어렵고 큰 일이 닥칠 때 의연하게 일에 대처할 수 있었던 것 같습니다.

말년이 되자, 마음 맞는 고참들과 어울리며 전역 이후의 삶에 대해 다양한 대화를 나누었습니다.

저는 스스로 그림에 재능이 없다는 걸 알고서 다른 대안을 찾고 있었습니다. 홍성교도소에서 생활하던 당시 미결수 자격으로 잡지를 볼 수 있었는데, 잡지에 실린 광고 사진을 보고 그 느낌이 좋아서, 나중에 광고 사진을 촬영하는 일을 하고 싶다고 생각했습니다. 마침 친구 형이 일본에서 사진을 공부했기 때문에 자연스럽게 관심을 갖게 되었고 그 형이 일하고 있는 아르바이트와 밟고 있는 코스를 자연스럽게 따라가려 했습니다.

군대를 전역하면 일본으로 사진공부를 하러 갈 계획까지 세우면서 전역하는 날만 손꼽아 기다렸습니다. 지금은 사진이 예술로 인정받지만 그 당시에는 전혀 그렇지 못하던 시절이었습니다. 친했던 고참들과 미래를 계획하면서 그 말을 했더니 좋은 생각이라고 응원해 줘서 큰 힘이 되었습니다.

저는 일본행 비행기를 타겠다는 생각에 부풀어 군대 문밖을 나섰습니다. 저를 기다리고 있을 새로운 세상을 향해서 말이죠.

닥치고 부딪치면
길이 열린다

군대 안에서 전역하고 나면 어떻게 살아갈 것인지 많은 고민을 했습니다. 무조건 고민만 하지 않고 매일 새벽 2시간씩 공부를 하면서 우선 대학입시를 준비했고 무조건 틈나는 대로 책을 읽으며 미래를 생각했습니다. 누구나 그렇듯이 군대만 전역하고 나면 새로운 나만의 세상이 펼쳐질 것이라고 생각했습니다.

그러나 전역 후 저를 기다리는 세상을 제 기대와 판이했습니다.

저는 제 꿈을 뒤로하고 생활 전선에 뛰어들 수밖에 없었습니다. 여러 아르바이트를 하는 동안 몸도 마음도 망신창이가 되었습니다. 주저앉은 때도 있었지만, '닥치고 부딪치면 길이 열린다'는 심정으로 그 어려운 시절을 견뎌냈습니다.

❦ 분노 대신 생활에 집중해야 했던 그때

전역 후 찾아간 친어머니 집에는 다른 사람들이 살고 있었습니다. 평소 남에게 주는 걸 좋아했던 새아버지 때문에 재정파탄이 나 결국 집을 포함해 모든 걸 뺏긴 것입니다.

새아버지 큰딸은 현대증권에 다녔는데 이 증권사에서 선전하는 '바이코리아Buy Korea'라는 캠페인과 관련 금융상품이 떠들썩하던 시절이었습니다. 그녀는 당시 연봉이 꽤 많았음에도 불구하고 새아버지의 병원비와 월급 차압까지 당해서 버스비를 걱정하기도 했습니다. 어머니 역시 가까운 곳으로 이사를 하면서 경황이 없어서 제게 이사 내역을 알리지 못했고, 항상 비상금을 비축해서 가계를 운영하던 분이라서 본인 스스로 경제적 능력을 상실했다는 걸 인정할 수 없어 실망이 컸던 것 같습니다. 이런 과정에서 새아버지는 당뇨로 시력을 잃게 되었고 살고 있던 집마저 보증으로 날리게 되는 일이 발생했습니다.

억울한 마음에 저는 분노했습니다. 그러나 더 이상 방황할 수 없었습니다. 더 이상 대책 없이 방황할 수 있는 나이가 아니었기 때문입니다. 일단 당뇨 후유증을 앓고 있는 새아버지 때문에 입에 풀칠하는 것이 중요했습니다. 새아버지의 큰딸과 상의한 끝에 새아버지와 어머니 사이에서 태어난 남동생과 친어머니는 제가 부양하고, 새아버지와 작은딸은 큰딸이 부양하는 것으로 새아버지와 어머니는 합의이혼을 했습니다.

그 뒤로 초등학교 5학년이었던 남동생을 공부시키기 위해 세 가지 일을 하면서 주야로 일을 했습니다. 당시 남동생은 덩치가 무척 컸습니다. 그러다보니 자연스럽게 나쁜 녀석들과 어울리게 되는 것 같았습니다. 하지만 돈 버느라 눈코 뜰 새가 없어 남동생의 친구들까지 신경 쓸 겨를이 없었습니다. 당장 먹을 쌀 걱정에 우선 일을 해야 했습니다. 전역 후 다음날부터 당장 인력시장에 나가서 건축 현장일을 시작했습니다.

이 당시에만 해도 주어진 현실에 대해 억울하다는 생각조차 들지 않았습니다. 억울하다는 생각을 할만한 정신적, 육체적인 여유조차 없었기 때문입니다. 운전면허 학원강사를 새벽반부터 마지막 반까지 했고 저녁에는 '투다ㅇ'라는 주점에서 아르바이트를 했으며 일요일에는 막노동 일을 했습니다. 정말 숨 쉴 틈도 없이 일을 해야 겨우 동생과 어머니를 먹여 살릴 수 있었습니다.

❤ 어떤 시간도 허투로 놓치지 말라

전역 후 한 달이 지난 시점부터 운전면허학원 강사 일을 시작했습니다. 저는 군대에서 수송부 배차서무계에서 일했었기 때문에 군 운전경력증명서와 렉카차 면허증을 발급 받을 수 있었습니다.

제가 근무했던 운전면허학원은 신ㅇ자동차학원이었습니다. 북

가좌동에 있는 신○공고를 운영하는 곳이었는데 다른 곳에 비해 규모가 무척 컸고 사학재단에서 운영하는 곳이라 강사들도 정식직원이 되면 괜찮은 보수와 보너스를 받을 수 있었습니다.

운전면허 학원에 근무했을 때 제가 받았던 월급은 150만 원이 조금 넘었습니다. 저 같은 임시직원이 26명 수강생을 받으면 대략 200만 원 정도 월급을 받을 수 있었는데 정식직원은 300만 원 이상을 받았고 보너스 600%였던 것으로 기억합니다. 저는 새벽반부터 마지막 타임까지 쉬지 않고 수강생을 받았습니다. 3주를 기준으로 학생이 교체되기 때문에 한 달에 대략 20명이 넘는 수강생을 만났습니다. 정규 수업시간은 9시부터 5시까지였고 이후 시간은 3주 코스를 마쳤지만 보충수업이 필요하거나, 주행시험에 떨어진 사람들이 주였습니다. 다른 강사들은 주로 정규 코스만 했기 때문에 강사가 딸려야 눈치를 보면서 시간 외 근무를 할 수 있었습니다.

특히 강사들 중에서는 돈에 구애받지 않는 한량들이 많아서 구태여 애써서 정해진 교육 시간을 채우지 않았습니다. 일부 강사들은 정규 수업을 진행해야 학원생들에게 뒷돈을 받을 수 있기 때문에 정식직원이 되는 것 자체가 목적인 경우도 있었습니다. 일회성으로 들르는 어중이떠중이 수강생은 가르치기도 힘들고 강사들에게 떨어지는 수당이 적어서 신참이나 비정규직 강사들이 도맡아 했습니다.

이들과 달리 저는 새벽반부터 마지막 타임까지 정말 한 시간도 쉬지 않고 일했습니다. 몸은 힘들었지만 그럼에도 불구하고 만족스러웠습니다. 일단 근무했던 학원은 비교적 안정적인 직장이었습니다. 아침 6시부터 마지막 7시까지 하루 13타임을 할 수 있었고 교육생의 연수 기간이 3주단위로 운영되기 때문에 최대 26명의 고정 수강생을 만날 수 있었습니다.

무엇보다 중요한 것은 보수도 좋았다는 것입니다. 정식직원이 되면 보너스를 많이 받을 수 있었습니다. 수강생이 주는 선물과 뒷돈이 월급보다 많았던 때도 있었습니다. 사회가 지금처럼 투명하지 않고, 인터넷이 발달하던 시대가 아니라서 뒷돈이 성행했습니다. 당시에는 여성 운전자들이 운전면허를 위해 등록하는 경우가 많았고 그만큼 용돈벌이가 좋았습니다. 중년이상의 여성들이 많기 때문에 강사가 핵심을 짚어서 설명하지 않으면 운전하기 어려웠고, 아예 관심 밖으로 두거나 뒷돈을 주지 않으면 대충 시간만 때우는 강사들이 많았던 시절이라 열심히 하면 고마워서라도 뒷돈을 찔러주는 수강생들이 종종 있었습니다. 월급만큼 용돈벌이가 생기기도 했고 선물로 인해 빈손으로 집에 들어가는 일이 없을 정도였습니다.

6시부터 출근이지만 5시 30분까지 출근해서 대기실 청소와 배차실 청소를 했는데 그 모습을 배차부장이 좋게 봐주셨던 것 같습니다. 당시 정식직원이 되고 나면 월급은 물론 고정 보너스도 많았기에 정식직원이 되기 위해 기다리는 강사들이 많았습니다. 정식직원이 되기 위해서 2년씩 대기하는 강사들도 있었습니다.

저 역시 정식직원이 되고 싶다는 생각을 잠깐 하기도 했고 배차부장도 6개월만 더 열심히 하면 꼭 정식직원을 만들어주겠다고 했지만 왠지 제 길은 아니라는 생각을 했습니다. 장기적으로 보았을 때 인생을 걸기에는 아쉬움이 많은 직업이었기 때문입니다. 또한 강사들 대부분이 여성 편력이 심했고, 강사들이 마치 자신이 대단한 일을 하는 것처럼 거스름을 피우는 모습도 제 체질과 맞지 않았습니다. 결정적으로 일이 재미있지 않았습니다. 뭔가 저는 제 인생을 걸고 도전할 수 있는 일을 하고 싶었습니다.

정상근무시간에는 강사로 일을 했고 퇴근 후 월요일부터 토요일 밤 9시부터 새벽 1시까지 꼬치집에서 추가 아르바이트를 했습니다. 저녁에 집에 가봐야 답답한 마음뿐이어서 돈이라도 조금 더 벌었으면 하는 마음이었습니다. 불광역에 있던 투다O가 그곳이었는데 주말에는 쉬는 조건으로 아르바이트를 했습니다.

주말에 아르바이트를 쉬는 조건을 붙였던 이유는 토요일과 일요일마다 막노동 현장에서 막일을 해야 했기 때문입니다. 인력사무소를 거쳐서 가면 보통 당시 일당으로 5만 원에서 6만 원 정도를 받았습니다. 그중 10%를 인력사무소에 수수료로 지불하고 남은 돈이 제 수입이었습니다. 그렇게 일하면서 열심히 일하고 나니 꽤 많은 돈을 벌게 되었습니다.

이렇게 세 가지 일을 동시에 진행하는 것은 인간적인 한계를 요하는 일이었습니다. 평일에 적어도 5시 전에 눈을 떠야 했고 투다ㅇ에서 끝나는 시간은 대략 새벽 1시가 넘었으니 보통 하루 평균 많이 자야 3~4시간 정도 잠을 잘 수 있었습니다. 이게 다가 아닙니다. 토요일 새벽에 인력시장에 나가서 일이 있으면 노동일을 했고 비가 오거나 일거리가 없을 때는 투다ㅇ에서 종일 아르바이트를 했습니다. 친구의 친척이 운영하던 곳이라서 편의를 봐줬던 덕분에 종일 아르바이트가 가능했습니다.

그때 잠시 주변을 둘러보게 되었고 나쁜 길로 빠지지 않도록 하는 방법을 고민하다가 남동생에게 운동을 시키게 되었습니다. 남자 중학교였던 불광중학교에는 레슬링부가 있었지만 씨름이 하고 싶다는 남동생의 의견을 존중해서 씨름부가 있는 연신중학교로 전학시켰습니다. 그 당시에는 지금과 달리 씨름의 인기가 대단할 때입니다. 동생도 씨름이 인기가 꽤 있는데다, 본인의 체형도 씨름에 적합해서 관심을 가지게 된 듯합니다.

운동을 시키는 건 생각보다 많은 돈이 들어갔지만 내가 가지 못한 대학을 남동생은 보내고 싶었고 운동을 통해서 본인의 꿈을 이루는 모습을 보고 싶었습니다.

당시 저는 남동생이 바른 길을 걷도록 유도하기 위해 남동생의 씨름부 코치를 찾아가서 만나기도 했습니다. 씨름부 코치는 나이든 학부형들 하고만 만나다가 비슷한 또래를 만나자 소주 한 잔 나누기도 좋아서 그랬는지, 제 입장을 알고 많은 배려를 해주었습니다. 다른 학생과 달리 회비와 대회 참가 비용을 빼주기도 했습니다. 저는 저보다 2살 많은 코치를 자연스럽게 형님처럼 대했습니다. 나중엔 형님동생 하면서 호형호제하는 사이로 발전했습니다.

가끔은 없는 돈에 먹을 걸 싸들고 씨름부 코치의 숙소로 찾아갔습니다. 그럴 때마다 그 코치는 이렇게 말했습니다.

"고생하면서 동생 회비 내기도 벅찰 텐데, 뭐 하러 이렇게 사와? 다음부터는 사오지마."

"별로 못 사왔어요! 애들이 한참 때라 좋은걸 먹여야 하는데 맨날 양으로 때우네요."

"그 정성이 어딘가? 자네 애쓰는 건 동생의 선배들도 다 알아."

"형님이 좋게 봐주시니 그렇죠."

"아무튼 승호는 부모 복은 없어도 형 복은 타고났어."

시합 후 동생의 씨름 성적이 별로일 때도 씨름부 코치는 대학까지 갈 수 있도록 최선을 다하겠다는 약속을 하기도 했습니다.

"형님, 승호 앞으로 어떻게 될 것 같으세요?"

"재능이 타고난 건 아니야. 하지만 걱정 마. 고등학교야 무조건 씨름부로 갈 수 있고, 그곳 감독이 대학 선배라서 큰 물의만 일으키지 않으면 대학은 갈 수 있어. 그건 내가 책임질게."

이렇게 동생을 씨름부 코치에게 마음 놓고 맡길 수 있었고, 저는 열심히 돈 버는 일에 집중할 수 있었습니다. 하지만 동생은 고등학교 2학년 때 씨름부 합숙소 훈련을 못 버티고 도망 나왔고 그 뒤로 수차례 입소와 탈출을 반복하다가 지금은 씨름을 그만두었습니다.

시간은 누구에게나 공평하다고 합니다. 당시 저는 공평하다는 그 시간이 제게만 좀 더 있었으면 하는 바람을 가질 정도로 매우 바빴습니다. 몸이 두 개라도 모자랐지요. 그 시간 속에서 제가 중요하게 여긴 것은 돈뿐만이 아니었습니다. 나의 꿈, 나의 미래 그리고 내 주변의 사람까지 돌아봤습니다.

시간은 정말 공평합니다. 그래서 흘러가는 시간 속에서 흔들리지 않아야 남들과 달라질 수 있습니다. 시간을 오로지 돈을 버는 데에만 쓰는 사람은 자신도 모르는 사이 돈에 흔들리고 있는 것입니다. 돈보다 중요한 것은 하루하루 사라지는 나의 삶입니다.

❤ 방황은 문제의 해결책이 아니다

주류 배달원을 하던 시절 또 다른 방황이 시작된 사건이 발생했습니다.

운전기사를 내보내고 운전기사와 판매원을 동시에 하던 시절, 뒷돈이 생기면 모두 제 몫이었습니다. 점심시간에 시간과 돈을 아끼기 위해 찬밥에 대충 반찬 몇 가지를 준비해서 강남에서 강북으로 넘어가는 강변북로 중간지점에서 끼니를 해결했습니다.

그날도 그렇게 강변북로 중간지점에서 찬밥으로 끼니를 해결하고 있을 때였습니다. 갑자기 경찰관이 와서 불법정차라면서 딱지를 떼려고 했습니다. 저는 입안 가득히 밥을 밀어 넣은 상황이었기에, 입을 우적거리면서 나오지도 않는 목소리로 말했습니다.

"한 번만 봐주세요. 젊은 놈이 먹고 살려고 이렇게 애쓰는데 한 번만 살려주세요."

그러자 경찰은 얼굴이 다소 풀어진 듯 보였습니다.

"그래 젊은 사람이 애쓰네."

그때부터 경찰관은 말을 편하게 했습니다. 경찰은 무언가 두리번거리기 시작했고 눈빛으로 무언가 요구를 한다는 사실을 은연중에 알 수 있었습니다. 저는 안 그래도 부족한 돈을 줄 수는 없었기에, 양주회사에서 나온 고급 크리스털 컵을 선물했습니다.

그러자 경찰관은 버럭 화를 내며 이렇게 말했습니다.

"허허, 나만 있는 게 아니잖아! 하나만 주면 어떻게 해!"

아주 고급스런 한정판 컵이었기에 탐낼만했습니다. 그래서 저는 그 경찰관에게 1개를 더 건넸습니다.

"젊은 놈이 애쓰네. 열심히 살아."

그리고는 경찰관은 왔던 길로 사라졌습니다. 그 일이 있을 당시에는 저는 아무 일 없이 끝나서 다행이라는 생각이 들었고 계속해서 남은 밥을 입으로 밀어 넣었습니다.

그때는 그렇게 넘어갔던 일이 나중에 다시 떠올랐습니다. 돈 한 푼 아끼겠다고 그렇게 밥도 제대로 못 먹어가면서 경찰관에게 아부까지 해가며 사는 제 모습이 너무 불쌍했습니다. 전역 후 2년여의 시간이 떠올랐고, 그 시간동안 살아온 제 자신의 모습이 너무 불쌍하고 가엾다는 생각을 하게 되었습니다. 무기력하게 누워있는 엄마도 미웠고 동생을 책임져야 하는 상황도 싫었고 미친 듯이 일하고 있는 내 자신도 너무 미웠습니다. 그렇게 한바탕 눈물을 흐리고 난 뒤 저는 갑자기 모든 것을 놓아버렸습니다. 제 어깨에 주어진 책임감과 부담감은 지기 어려운 것이었나 봅니다. 마침 초등학교 6학년 때 친했던 단짝친구가 전역해서, 저는 그 친구와 밤마다 술집을 전전하면서 술을 마시고 밤문화를 즐겼습니다. 낮에는 일하고 밤에는 술을 먹고 즐기는 세월을 보내고 나니 몸도 지치고 마음은 더 황폐해졌습니다. 무려 3개월이라는 시간을 그렇게 보내버렸습니다.

술독에 빠진 채 밤문화를 즐기던 생활은 단짝친구의 카드가 한도 초과되면서 멈추게 되었습니다. 문제는 그 다음이었습니다. 전 방황의 대가를 제 스스로 책임져야 했지만, 친구는 달랐습니다. 친구의 아버지가 은행으로 찾아가서 '당신들 이 놈은 학생인데 무슨 근거로 카드를 만들어줬어?'라며 한바탕 난리를 쳤습니다. 은행은 카드 사용액 일부를 탕감해주었고, 나머지 돈은 친구의 아버지가 정리해주었습니다. 반면 저는 당시 제 과오를 고스란히 책임져야만 했습니다.

그 사건 이후로 저는 또다시 신분과 차별이라는 문제로 괴로워했습니다. 하지만 방황의 결과로 배운 것도 있습니다. 저는 저 혼자가 아니라 친구와 함께 방황을 했습니다. 하지만 3개월의 방황 후, 저와 친구의 결과는 달랐습니다. 저는 방황의 대가를 스스로 책임져야 했던 반면, 그 친구는 방황으로 인한 실수를 대부분 부모님이 해결해주었습니다.

그 사건이 저를 다시는 방황의 늪으로 빠지지 않는 계기로 만들었습니다.

'놀만큼 놀아봤고 억울할 만큼 억울했던 인생, 이제 다시 시작이다.'

억울한 이 울분을 타인들의 관심으로 바꾸자는 생각을 하고, 타인으로부터 귀감이 되는 사람으로 다시 태어나겠노라고 굳게 다짐했습니다. 그리고 이렇게 생각했습니다.

'잉여인간으로 살 것인가, 관심 받고 주목받는 삶을 살 것인가.'

그 뒤로는 한 번의 방황도 없이 앞만 바라보며 달려 왔습니다.

새로운 기회는
준비된 사람에게 찾아온다

제자리를 지켜야 할 때도 있지만, 인생에서 제자리에 머무르지 말고 움직여야 할 때가 분명 있습니다. 하루를 그냥 흘려보내지 말고, 이때를 준비해야 합니다. 또, 때를 만나면 놓치지 말고 용기 있게 행동해야 합니다. 저는 제 앞에 주어진 기회를 놓치지 않았습니다. 또한, 바쁜 일상 속에서도 늘 새로운 기회를 찾고자 노력했습니다.

예를 들어 초보 자영업자들이 판매방식을 고민할 때 가장 쉽게 선택할 수 있는 방법 중 하나가 블로그죠. 대부분 집에서 적당히 블로그를 운영하면 돈도 절약되고 큰 수익을 올릴 수 있다고 생각합니다.

하지만 블로그를 운영하는 것은 말처럼 쉽지 않습니다. 블로그의 성패는 충분한 준비를 했느냐 여부가 결정합니다. 블로그는 돈이 들어가는 홍보 방법은 아니지만, 그 대신 상당한 시간과 준비성을 요합니다. 블로그를 열기 위해 꼼꼼하게 준비한 사람만 결국 파워 블로거로 성장할 수 있습니다.

그렇다면 기회는 어떻게 찾아오냐고요? 기회가 여러분께 찾아올지 안 찾아올지는 여러분의 손에 달려있습니다.

❧ 보답을 부른 성실

제가 투다○라는 꼬치집에서 아르바이트를 할 때, 이곳에 주류를 배달하던 판매원은 성실하게 일하는 저를 좋게 보았습니다.

그 판매원이 일하던 주류도매상은 서○주류라는 곳이었는데, 판매원인 주류도매상 판매원 수입이 괜찮다고 귀띔해주었습니다. 동시에 서○주류에 저를 추천해줘서 저는 주류도매상에 취직할 수 있었습니다.

주류도매상은 판매원과 운전기사가 짝을 이뤄서 일을 합니다. 저는 판매원이었는데, 판매원은 8시쯤 출근하면 되었고, 기사는 새벽에 출근해서 담당 주류회사에 가서 주류를 운송해 오는 일을 했습니다.

판매원의 업무는 일반 술집부터 룸살롱이나 나이트클럽 같은 대형 술집 배달과 영업 관리였습니다. 지금처럼 대형마트가 없던 시절이라서 마트 관리도 직접 했습니다. 그런데 당시에 함께 다녔던 운전기사가 술을 먹으면 다음날 결근하거나 지각했습니다. 거래처 자체가 전부 술집이기 때문에 대부분의 기사들이 그런 결근이나 지각을 관행처럼 여기는 문화가 있었습니다. 저와 파트너였던 운전기사는 통상 일주일에 2~3번은 지각을 해서 주류회사에 가서 주류를 운송하는 업무에 지장을 주었습니다.

당시는 동양맥주(이후 두산그룹 산하 계열사로 편입되었다가, 콜버그 크래비스 로버츠를 거쳐 안호이저 부시 인베브가 인수한 기업)의 맥주 브랜드인 OB생맥주가 대세였던 시절입니다. 워낙 OB생맥주가 인기였던 시절이라 담당 주류회사에 늦게 도착할 경우 OB생맥주 공급을 받을 수 없어서 난감한 상황이 발생할 수 있었습니다. 영업지역이 넓은 판매원의 이동거리로 움직이면서 통화를 하고 수금독촉을 해야 했기 때문에 판매 업무에 지장을 받았습니다.

그래서 저는 오히려 부사장에게 역으로 제안을 했습니다. 제가 한 제안은 운전기사 대신 제게 월급을 2배로 주면 운전과 판매를 모두 하겠다는 내용이었습니다.

한편, 주류판매원은 기타 부수입도 올릴 수 있었습니다. 주류도매상은 병과 짝에서 생기는 마진을 부수입으로 가져갈 수 있던 시절이었습니다. 대략 병에서 오는 계산은 일반 영업점에서 신경을 쓰지 않으면 눈먼 돈이었고, 도매상에서는 판매원의 점심값이라고 공공연하게 묵인했습니다. 그리고 생맥주집의 경우 주인이 바뀌면 생맥주 통값이 따로 존재하여 도매상이 소유하는 경우나 일반 맥주집에서 소유하는 경우가 있었는데, 계산이 복잡해지면서 판매원의 소유가 되는 경우도 많았습니다. 이걸 잘 이용하면 그 돈도 꽤 큰 자산이 될 수 있었습니다. 당시에 생맥주 통당 2만 5000원, CO_2는 10만 원 정도로, 현금 형태로 챙길 수 있었습니다. 저는 결국 2배까지는 아니었지만 월급인상으로 인한 수입과 기타 부수입으로 운전면허학원 강사보다 높은 수입을 얻을 수 있었습니다.

좋은 시절은 오래가지 않았습니다. 부사장과 사장이 운영권에 대한 싸움으로 갈등을 일으켰기 때문입니다. 부사장과 사장의 갈등으로 파벌싸움이 시작되었고 사건은 점점 커졌습니다. 파벌싸움의 요체는 지분과 관련 있었는데, 당시에 카스와 하이트가 막 태동하던 때라서 OB 주류였던 회사 내의 방향에 대한 싸움이었습니다.

결국 싸움은 막장으로 치달았습니다. 사장이 주먹들을 불러들여서 회사를 장악했고 자연스럽게 부사장이 지분을 포기하면서 물러났습니다. 부사장은 회사를 본인의 의지대로 밀고 가려는 계획을 가지고 있었지만, 후배였던 상무와 부장의 배신으로 계획이 까발려지면서 결국 물러나게 되었습니다. 전 자연스럽게 부사장파로 분류되어 어렵게 닦아 놓았던 거래처를 뒤로 하고 회사를 옮겨야 했습니다.

옮긴 주류도매상은 신ㅇ주류도매합동조합이라는 곳이었습니다. 이 도매상에는 유난히 젊은 직원들이 많았습니다. 새롭고 낯선 환경이었지만 이곳에서 1등을 해보겠다고 결심했습니다. 제가 이직했을 때만 해도 이직한 도매상은 사장 아들이 실권을 쥐고 있었고 이미 파벌이 형성이 되어서 제가 아무리 노력해도 틈이 보이지 않았습니다.

하지만 어느 곳에서나 성실을 이길 무기는 없었습니다. 저는 거기서도 언제나처럼 정말 성실히 일했습니다. 회사를 옮기면서 가장 먼저 영업을 다녔던 곳이 신촌 지역입니다. 당시에는 최고의 상권이었는데 이런 곳은 매출이 많이 발생되는 곳이라서 주류도매상끼리 출혈경쟁이 많았습니다. 그래서 이사진이나 사장이 직접 움직여야 하는 경우가 종종 있었습니다.

저는 신촌에 있는 대형 업체 중에서, 부모에게 가게를 물려받은 젊은 사장들이 가지고 있는 업체 몇 군데를 골라, 퇴근 후 일부러 찾아가 청소를 도와주고 서빙도 보조하는 방식으로 공략했습니다.

그렇게 하기를 수개월, 저는 드디어 한 업체와 영업을 시작할 수 있었습니다. 지금은 '독수리 다방'이라고 불리는 골목 바로 옆에 위치한 맥주바였는데, 친구들과 약속이 생기면 무조건 그 집으로 약속을 잡는 식으로 기존 업체를 제치고 영업권을 따냈습니다.

여기서 출발해 점점 영역을 확장했습니다. 첫 거래를 튼 맥주바 바로 옆에 위치한 지하 호프집에서 사장이 인테리어를 직접 한다는 소문을 듣고 작업복 입고 찾아가서 일을 돕는 방식으로 영업권을 따오기도 했습니다. 이렇게 약 1년가량 일을 하면서 영업권을 따오자 희미하던 저의 존재는 점차 확실히 인식되기 시작했습니다.

🌱 다양한 사람을 만나야 다양한 생각이 보인다

저는 당시 새로운 판매 형태인 도급제 방식으로 영업활동을 시작하기 위해 준비했습니다. 도급제 방식이란 거래처를 주류도매상에서 주고 월급을 받아 판매영업 관리를 하는 것이 아니라, 판매원이 거래처를 직접 데리고 도매상을 선택해서 운영하는 방식입니다. 저는 영업에는 자신이 붙어서 제 스스로의 영역에 도전하고 싶었기에 도급제 방식을 선택했습니다.

당연히 판매원의 거래처가 많을수록 수입은 많아지는 형태입니다. 당시 젊은 직원들이 많아서 도급제에 대한 관심도 많았고 의지도 불타올랐습니다.

문제는 모두들 의욕만 앞섰다는 점이었습니다. 저처럼 성과를 보이는 판매원은 없었고 모두들 있는 거래처 관리하기도 벅차했기 때문에 도급제의 혜택을 받지 못했습니다.

이는 회사가 도급제를 시행하면서 지켜야 하는 약속을 지키지 않는 핑계가 되었습니다. 회사에서는 제가 너무 신참이고 다른 직원들과의 형편성에 어긋난다는 이유를 대면서 약속한 수입을 지급하지 않았습니다. 여기에 신촌 지역을 담당했던 영업부장이 경계를 하기도 했고 실권을 쥐고 있었던 사장 아들의 선배가 질투를 심하게 했던 것도 영향을 미쳤습니다.

결국 약속이 지켜지지 않아 수입도 기대에 못 미쳤고, 일요일에도 막노동을 하거나 영업을 하면서 몸은 망가질 대로 망가져 허리에 무리가 왔습니다. 저는 결국 건강을 위해 일을 쉬어야 하는 상황에 이르렀습니다.

퇴직하고 수술을 하거나 요양해야 했지만 실질적인 가장인 저는 무작정 쉴 수는 없었습니다. 결국 퇴직 후에도 여러 아르바이트를 틈나는 대로 했습니다. 잠깐도 쉬지 못했고 기회가 될 때마다 온갖 일을 해야만 했습니다. 이럴 바에 주류도매상에 그대로 있을 걸 후회하기도 했습니다만 어쩔 도리가 없었습니다.

그러다가 반포 가ㅇ병원 뒤편에 위치한 목욕탕에서 때밀이 일을 할 수 있었습니다. 건선피부를 앓았던 초등학교 친구가 피부병 때문에 옷을 벗지 못해서 구두를 닦았고, 저는 때밀이를 했습니다. 당시에는 찜질방 문화가 없어서 목욕탕이 굉장한 호황이었습니다. 사수였던 때밀이 형이 대략 500~600만 원을 벌었고 인수인계를 목표로 심부름을 했던 저도 팁으로만 150만 원 이상을 벌었습니다. 손님 연령이 높고 부유층이 많아서 까다롭고 예민한 분이 있었지만 팁도 후했고 젊은 사람이 애쓴다고 격려의 말도 많이 들었습니다.

첫 주류회사를 관두고서 4개월간 그 곳에서 생활했고 허리가 아픈 사수의 뒤를 이어서 인수인계를 받으려 했지만 새벽 4시부터 밤 12시까지 꼼짝없이 어두컴컴한 목욕탕에 갇혀서 남의 때를 밀어야 한다는 사실이 너무 싫었습니다. 그래서 결국 그만두었습니다.

하지만 낭비의 시간은 아니었다고 생각합니다. 짧은 시간이었지만 다양한 사람들의 얘기를 들을 수 있었고 고개를 조아리며 말을 받아주면 건질 수 있는 성공 노하우도 많았기 때문입니다.

때밀이 일과 병행해서 구두닦이도 했습니다. 구두닦이는 친구가 병원을 가거나 자리를 비울 때 겸업으로 했는데, 나중에는 요령도 붙고 자신감도 생겨서 구두닦이 박스를 인수하려고도 했습니다. 저와 친구 두 명이 동업하는 형식으로 권리금을 내고 인수했지만 4개월 일하고서 제 꿈과는 거리가 멀다는 사실을 깨닫고 결국 또다시 포기했습니다.

주류도매상과 청계천에서 근무하면서 저는 장사의 기본은 무엇일까 고민했습니다. 장사의 기본은 다음 세 가지로 정리할 수 있습니다.

첫째, 사입입니다. 재료를 구입하는 공방을 운영한다면 도매상의 속성을 알아야 합니다. 그리고 최소한 두 곳의 도매상과 거래해야 합니다. 도매상을 운영하는 입장에서는 감추고 싶은 진실이지만 작은 소매상은 꼭 유념해야합니다.

둘째, 재고 장부관리입니다. 장사를 하려면 창고를 없애고 재고관리를 위해 철저한 준비를 해야 합니다. 이를 위해서 미리 계획을 세우고 계획대로 실천하는 것은 두말할 나위가 없죠. 도매상이 추천한다고 쇼핑하듯이 물건 사입하면 안 됩니다. 특히 금전출납부는 밥 먹듯이 챙겨야 합니다.

마지막으로 운영관리가 중요합니다. 운영관리는 회원관리와 홍보관리로 나눌 수 있습니다. 회원관리는 요즘엔 문자메시지나 카카오스토리 등 SNS(소셜네트워크서비스)를 활용하는 것이 대세입니다. 저역시 이런 방식에 특별한 이견은 없습니다.

홍보관리의 경우 한 가지 중요한 명제가 있습니다. '돈이나 시간이 투입되어야 한다'는 사실입니다. 뿌린 만큼 거두기 때문에 홍보비를 아끼려고만 하면 그만큼 홍보가 되지 않는다는 사실을 알아야 합니다. 돈을 들이지 않고 홍보를 하는 건 막대한 시간이 지속적으로 투입되어야만 가능한 일입니다.

만약 제가 한 곳에만 머무르며 계속 일을 했다면 어땠을까요? 이런 장사의 기본은 결코 배울 수 없었을 것입니다. 물론 한 곳에 오래 근무하는 것은 훌륭한 근무자세입니다. 하지만 일하는 곳이 나와 맞지 않는다면 그곳은 일하는 곳이 아니라 시간을 낭비하는 곳밖에 되지 않습니다. 저는 이를 금방 파악했고, 한동안 여러 과정을 겪으며 나와 맞는 일을 찾아다녔습니다.

한 곳에 머무르기만 해선 결코 세상을 알 수 없습니다. 일은 한 자리에서 계속 하더라도 귀는 늘 세상을 향해 열어둬야 합니다. 많은 사람들이 이런 생각을 하지 못한 채 자신의 일에만 몰두하는 경향이 있습니다. 성실은 오롯이 일하는 것뿐만 아니라 시야를 넓혀 주위 사람들에게 도움을 줄 수 있도록 노력하는 것도 포함됩니다. 성실은 묵묵히 일하는 것 그 이상의 의미를 갖습니다.

대신 반드시 전제 조건이 있습니다. 하루를 일하더라도 먹이를 사냥하는 사자처럼 집중하고 올인해야 합니다. 그렇게 집중한 시간과 경험이 쌓여서 나의 일을 찾을 때 엄청난 결과를 낼 수 있습니다.

❧ 일하는 가운데서도 늘 고민하라

이밖에도 틈나는 대로 막노동을 했습니다. 막노동에서 가장 많이 했던 일은 벽돌 나르는 일과 건물 철거하는 일이었습니다.

벽돌 나르기를 하면 그때당시 보통 인건비가 5만 원에서 6만 원 정도였는데, 경우에 따라서 일당을 더 주기도 했고 양을 정해놓고 다 옮기면 시간외 수당을 더 받을 수도 있었습니다. 이걸 막노동 용어로 '반대가리(일당의 절반을 추가로 주는 것)'라고 합니다. 혹은 6시 전에 퇴근을 할 수 있도록 배려 받기도 했습니다.

막노동판에서도 제 성격은 어쩔 수가 없었습니다. 같이 일하는 친구가 옆에서 말리고 화를 낼 정도로 미련하게 일만 했습니다. 초등학교 동창인 단짝친구는 한동안 계속 막노동만 했고 저처럼 다른 일과 병행하지 않았는데, 막노동 전문가인 친구 눈에는 제가 참 답답했나 봅니다.

이처럼 막노동을 할 때도 쉬지 않고 일했기 때문에 한 번 일을 나가면 현장 책임자가 '인력 사무소로 가지 말고 바로 출근해. 2만 원 더 줄게'라는 주문을 거의 하곤 했습니다. 하지만 정기적으로 일을 찾을 때는 인력 사무소가 더 나았기 때문에 인력 사무소를 통해서 일감을 찾아 쉼 없이 일했습니다.

막노동 현장에서는 속칭 '오야지'라고 불리는 현장 책임자의 눈치만 보면서 대충 일하는 사람들을 꽤 많았습니다. 그 모습을 보면서 저는 오히려 그 사람들이 안타깝다는 생각이 들었습니다. 조금만 신경 쓰고 아이디어를 내면 훨씬 편하고 안전하게 일할 수 있을 텐데도, 대부분 '그냥 시간만 때우다 가자'는 식으로 일하는 사람들이 많았습니다. 그 모습들을 보면서 저는 '더욱 열심히, 남들과 다르게' 일을 하자는 다짐을 했습니다.

그때 저는 많은 생각을 했던 것 같습니다. 누가 보든지 말든지 쉬지 않고 일하면서 앞으로 어떻게 살아가야 할지 늘 고민했습니다. 고민은 쉽게 해결되지 않았습니다. 1997년 IMF가 터지면서 저는 더욱 내 앞날에 대해 끊임없이 제게 묻곤 했습니다.

1등을 추구하는 삶을
살아야 한다

　앞서 내가 가야할 곳을 찾아 그 곳에서 성실하게 일해야 한다는 사실을 말씀드렸습니다. 성실은 어쩌면 두루뭉술한 말일지도 모르겠습니다. 대부분의 사람들이 자신이 하고 있는 일에 진심을 다하기 때문입니다. 그래서 성실하라는 말이 마음에 와 닿지 않을 수도 있으리라 생각됩니다.

　성실은 최선을 다하는 것을 말합니다. 최선은 예외의 경우를 제외하고, 늘 보답으로 돌아옵니다. 그 보답을 얻기 위해 일하라는 것이 아닙니다. 하지만 어떨 때는 그 보답이라는 목표를 향해 노력할 수 있는 자세를 가져야 합니다. 보답이 돌아오지 않더라도 그 과정에서 우리는 많은 것을 깨달을 수 있습니다. 나와 내 주변을 돌아볼 수 있습니다. 또한, 힘든 일을 끝내고 '해냈다'는 성취감을 얻을 수도 있습니다.

❦ 200명 중 1등: 나를 바꾼 성적표

간간이 때밀이 아르바이트를 하면서 입에 풀칠을 할 때였습니다. 운전면허학원으로 발걸음이 향하는 제 자신을 보면서 사람은 자기 영역이나 기준을 벗어날 수 없다는 생각이 들었고, 다른 무엇인가를 찾아야겠다는 생각을 했습니다. 그런 생각을 할 때쯤 한 기업체 사장이 때를 밀러 오셨습니다. 그 분은 점잖은 말투로 '젊을 때 다양한 경험을 하기 위해서는 택시운전이 좋다'고 조언하며, 잠깐 경험 상 해보는 것도 인생 전반적으로 보면 큰 도움이 될 것이라고 말씀하셨습니다. 저는 나름 일리가 있다고 생각했습니다.

그래서 우선 다양한 사람을 만날 수 있는 기회를 찾아보자는 생각에 명○운수라는 택시회사를 찾아갔습니다. 무작정 찾아갔더니 택시회사는 먼저 자격증을 따야한다고 말했습니다. 그래서 교통회관에서 공부하여 자격증을 획득한 후 다시 찾아가서 일하게 되었습니다.

2년 동안 택시를 하면서 저는 많은 경험과 성취감을 얻었습니다. 택시운전을 하면서 많은 사람들을 이야기를 듣는 것도 좋은 경험이었지만, 더 좋은 경험은 따로 있었습니다. 바로 절대적인 성취감이었습니다.

97대의 택시가 있었던 회사에서 총 200명이 넘는 기사 중 항상 1등을 했습니다. 택시미터기에 총 찍힌 금액에서 회사에 입금해야 할 금액을 공제하고 월급과 함께 돈을 받았는데, 당시 받은 돈이 월급 빼고 300만 원에 가까웠습니다. 그러니까 다시 말하면, 이 300만 원에, 월급 70만 원 정도를 벌었습니다.

이게 다가 아니었습니다. 택시회사 규정상 월 2회 사납금을 납입하지 않아도 무료로 운행할 수 있는 일요일이 주어지는데, 이런 날마다 1회당 25만 원을 벌었습니다. 이걸 다 더하면 대략 매월 400만 원 정도를 벌 수 있었습니다. 당시에 보통 기사들 수입이 100~150만 원 정도였던 시절입니다. 저는 타고난 부지런함으로 남들보다 3~4배 수입을 더 올렸습니다.

더 재미있는 사실은, 제가 전체 택시기사 중 1등을 했는데, 저와 교대했던 교대 운전자가 대부분 2등을 했다는 점입니다. 교대자 형은 저보다 대략 20~30만 원 정도 적은 돈을 번 것으로 기억합니다. 그 교대자 형은 과거 돌주먹으로 유명했던 문성길 씨와 같은 시대에 복싱을 했던 사람이었습니다. 성질이 다혈질이라서 운전 중 버스기사나 기름을 넣는 충전소에서 줄을 어기는 기사들과 다투는 일이 많았습니다.

그러나 생활력이 강했고 책임감이 투철한 사람이라서 저와 그 부분이 많이 닮았습니다. 보통 새벽 4시와 오후 4시를 기점으로 교대를 했는데 그 형과는 혼잡한 시간을 피해서 5시~6시 정도에 교대를 했고 잔돈도 미리 가득 채워놔서 잔돈을 준비하는 시간도 줄여주었습니다. 돈벌이가 많이 되었던 날은 빠듯한 돈벌이에도 서로 만 원씩 건네면서 힘내라고 식사비를 서로 챙겨주기도 했습니다. 그리고 교대시간에 장거리가 걸리면 연락을 미리해서 기다리게 하는 등 유연하게 시간을 활용했습니다.

아프거나 급한 일이 생겨서 근무가 곤란할 때에도 택시기사는 어차피 입금을 해야 합니다. 때문에 서로 대신 근무를 하면서 사납금 일부를 채워주기도 했습니다. 2년 6개월 동안 저는 단 한 번도 교대자를 바꾸지 않고 같은 사람과 함께 일했습니다.

당시 택시기사는 택시미터기에 찍힌 금액을 그대로 택시회사에 입금한 후 월급으로 돌려받는 식이었기 때문에 저는 제가 1등이라는 사실을 알 수 있었습니다. 당시엔 택시기사들이 모두 자존심 때문에 자신이 많이들 벌었다고 말했지만, 막상 결과가 나와 보면 항상 저에게 1등의 영광이 돌아갔습니다. 다른 택시기사들의 질투의 눈초리가 뒤따른 것은 당연지사입니다.

휴게소에서 나누는 선배 기사들의 노하우를 따라 하기보다 성실하게 초심을 잃지 않고 영업하는 것이 전부였지만 그 결과는 항상 1등으로 보답을 주었고 2등을 했던 교대자 역시 같은 방법으로 좋은 성과를 거두었습니다.

성적표는 제게 어렸을 때 목말라했던 관심과 사랑이었습니다. 그 관심과 사랑은 제게 있어서 일할 수 있는 원동력이었고, 무한한 자신감이었습니다. 저는 자만하지 않고 끊임없이 노력했습니다. 12

시간의 근무시간 동안 30분 단위로 이동하는 거리를 체크하고, 택시미터기에 찍힌 금액을 확인하며 지난주 지난달의 상황과 지역을 분류하면서 서울 전역을 다녔습니다.

눈앞의 이익을 내려놓자 일어난 변화

소위 말하는 피크타임에도 손님을 골라 태우지 않았고 합승도 잘 하지 않았습니다. 합승을 신경 쓰면서 버리는 시간과 소모되는 에너지 대신 어느 곳이나 손님이 가자는 곳으로 가면서 부지런히 움직였습니다. 지금은 택시 합승이 그다지 많지 않지만, 당시에는 합승을 잘 하면 돈을 많이 벌 수 있었습니다.

지금도 그러하지만 강북에서 합승 손님을 잡는 것은, 손님이 가고자 하는 방향이 주로 상계동 방면이거나 혹은 인천·부천 방면인 경우가 많습니다. 그래서 상계동 방면으로 갈 때 상계동이나 의정부 쪽으로 가는 손님을 태우면, 운전기사 입장에서는 최상의 시나리오였습니다. 장거리 손님을 태우고 같은 방향의 손님을 계속 태우면 택시미터기 요금은 그대로이지만 서너 번 요금이 중복되기 때문에 짧은 시간 안에 분명 돈을 더 벌 수 있었습니다.

그러나 모든 사람들이 시내에서 외곽으로 가는 건 아니죠. 황금시간에 잘 맞으면 좋지만 그렇지 않으면 하루가 틀어졌습니다. 그리고 합승으로 인한 스트레스와 정신집중에 대한 에너지 소비로 체력소모가 컸습니다.

그래서 전 합승 꼼수를 부리지 않고 무조건 손님들이 가자는 곳으로 갔습니다. 밤 11~12시 황금 시간대에 외곽에도 분명 택시를 타기 위해 이동하는 손님은 있고 그렇게 다니다 보면 외곽지역에서의 나만의 손님 지도가 그려집니다. 그리고 전 다른 기사들처럼 절대로 대기하면서 기다리지 않았습니다. 낮에도 무조건 돌아다니면서 운행을 했고 아파트에서도 안으로 깊숙이 들어가 돌아다니면서 손님을 찾아다녔습니다. 결과적으로는 합승 손님만 찾아다니는 운전기사보다 더 큰 금액을 벌 수 있었습니다. 그 에너지와 기운은 근무가 끝나는 시간까지 이어져서 한결같이 많은 금액을 벌 수 있었던 것 같습니다.

낮 시간대에 근무할 경우 다른 운전기사들은 총 12시간 동안 평균 100~150㎞를 주행하는 데 비해, 저는 최소 280~300㎞를 운행했습니다. 다른 운전기사들이 제 주행거리를 보고 '미쳤다'고 표현할 정도였습니다. 교대자 형도 비슷한 주행거리를 기록했습니다. 특히 저와 교대자 형은 수입 순위에서 1위와 2위였기 때문에 '그런 식으로 돈 못 번다'며 혀를 끌끌 차던 택시기사들도 결국 우리 앞에서는 아무 말도 하지 못했습니다.

이곳에서 저는 2년 6개월 내내 자신감 넘치는 생활을 했고 다양한 사람과 다양한 대화를 나누면서 제 자신에 대한 자존감을 얻게 되었습니다. 무엇을 하는 것보다 어떻게 하느냐가 중요하다는 걸 깨달았습니다. 다양한 사람들과 나눴던 대화는 삶의 지혜와 인간관계의 요령으로 활용할 수 있었습니다. 이처럼 그간의 인생이 제 몸에 자연스럽게 습관처럼 스며들어 있기에 저는 그간 힘들었던 삶도 헛산 게 아니었다는 사실을 깨닫게 되었습니다.

✎ 성공으로 이끄는 독서 습관

사람들의 말을 앵무새처럼 따라하는 얕은 지식이 아니라 제대로 된 나만의 지식을 얻기 위해 깨달음을 책으로 연결하고자 노력했습니다. 소설과 여행 관련 책보다는 성공스토리 위주의 인물중심 도서를 읽으면서 꿈을 키워 나갔습니다.

제가 가장 재미있게 읽은 책은 김밥 아이디어로 대박 신화를 낸 김승호 JFE사 사장의 성공스토리를 담은 《김밥파는 CEO - 무일푼에서 700억 기업체를 키운 비즈니스 지혜》입니다.

이 책에서 가장 인상 깊었던 내용은 중간에 사업을 말아먹었을 당시의 내용입니다. 사업이 무너지자 김 대표는 아내의 무릎에 얼굴을 대고 엉엉 울었다고 합니다. 그러자 아내는 김 대표에게 진심을 다해 위로했다는 내용이 있습니다. 저는 집안에서 존경받는 가장이 가장 훌륭한 가장이라고 생각합니다. 가족들은 가장이 어떻게 생활하는지 모든 걸 알고 있기 때문입니다. 사업이 망했는데도 위로를 해주는 아내가 있는 사람이라면 재도전할 여지가 있는 사람이라고 생각했습니다.

결국 김 대표는 책에서 아내의 위로가 바탕이 되어, 사업이 망하고서도 바로 헬스클럽으로 운동을 나가면서 내일을 위해 체력을 키웠다고 말합니다. 저는 이 부분에서도 다시 한 번 감동을 받았습니다. 저 또한 실패한다고 해서 두려워하거나 주절거리지 않으리라 다짐했습니다. 더불어 가정에서 인정받는 것이 제일 먼저라는 생각을 하게 되었습니다.

회사에서 임원급의 대우를 받는 보험설계사들의 최고 영예인 LION으로 있는 박기원 씨가 자신의 보험영업에 대해 쓴 《오늘 팔지 못하면 죽는다》도 당시 인상 깊게 읽은 책입니다.

보통의 보험 모집 설계사들은 자신의 꿈을 위해 타인에게 의지하는 형태로 영업을 합니다. 반면 이 책의 저자는 타인의 행복을 만들어가고 설계하면서 나의 꿈도 자연스럽게 이루어진다고 생각하면서 영업활동을 합니다. 즉, 나를 위한 영업이 아니라 고객을 위한 영업을 하기 때문에 고객 앞에서 당당할 수 있고 자신감 있게 영업을 할 수 있다는 것입니다. 간결하고 명확하게 설명한 저자의 노하우를 습득하면서 거듭되는 불운과 좌절을 이겨내고 고군분투하여 인생역전을 이뤄내고 싶다고 생각했습니다.

세계 최고의 광고 대행사에서 아트 디렉터로 일했던 이제석 이제석광고연구소 대표가 쓴 《광고천재 이제석》도 제게 큰 감명을 준 책입니다. 이제석 대표는 자신의 가치를 극대화한 사람이었기 때문에 관심이 갔습니다. 특히 뛰어난 재능을 본인 스스로 알고 독려하는 모습이 감동적이었습니다. 생각을 뒤엎고 판을 바꾸려는 그의 노력을 보면서 '세상에서 가장 억울한 일은 자신의 재주와 한계를 모르는 일'이라는 것을 깨달았습니다.

한편, 외국 저자가 쓴 책으로는 이시카와 다쿠지의 《기적의 사과》가 당시 감명 깊게 읽은 책으로 꼽을 수 있습니다. '썩지 않는 기묘한 사과는 어떻게 만들어질까?'라는 질문에서 출발한 이 책은 농약도 비료도 쓰지 않고 무농약 사과를 재배한 이야기를 담았습니다.

특히 한 농부의 10여년에 걸친 사투와 집념이 놀라운 결과를 이뤄내는 과정도 인상적이지만, 그 바탕에는 가족들의 희생이 있었다는 점에 깊이 공감했습니다. 저 역시 지금은 가족이 최고의 가치라고 생각하는데, 그런 신념에는 이 책이 상당 부분 영향을 미쳤습니다. 무농약 사과재배에 성공한 일 자체를 넘어, 불가능을 가능으로 바꿔낸 인간의 모습과 그를 사랑하는 가족의 모습이 좋았습니다.

구입하자마자 바로 그 자리에서 완독했습니다. 대략 100권 정도 구입해서 직원들과 지인들에게 선물하기도 했습니다. 책을 선물하면서, 이 책을 읽고 난 후의 느낌을 물어보는 재미도 쏠쏠했던, 제게 잊을 수 없는 소중한 책입니다.

자기계발 분야의 권위자로서 공병호경영연구소를 이끌고 있는 공병호 박사의 《10년 법칙》은 제가 나태해지려고 할 때마다 신선한 자극을 주는 비타민과 같은 책입니다. 효율적인 시간 관리와 함께 집중의 중요성을 강조하는 내용으로 좌절하지 않고 끈기어린 도전을 계속할 수 있게 하는 힘을 줍니다. 이 책을 읽고 있는 여러분도 곁에 두고 자주 읽어보시길 강력히 추천합니다.

이 시대 젊은이를 위한 성공의 전도사로서 활약하고 있는 이영석 씨의 《총각네 야채가게》, 《인생에 변명하지 마라》는 사업가를 꿈꾸는 사람이라면 꼭 읽어야 할 필독서입니다. 이영석 씨의 성공담 자체가 무엇을 하느냐가 중요한 게 아니라 어떻게 하느냐가 중요하다는 메시지를 던져줍니다.

저는 이영석 씨의 책과 같이 막연한 이론보다는 인물중심의 생생한 이야기가 담긴 도서를 즐겨 읽습니다. 이런 책들을 보면서 저만의 꿈과 야망을 키워 나갔습니다. 독서를 통해 길러졌다고 봐도 과언이 아닌 제 야망은 무조건 '무엇을 하든 업계 1등을 하고 싶다'는 것이었습니다. 돈을 많이 버는 것보다 무조건 많이 팔고 규모가 크다는 말을 듣고 싶었습니다. 당시 화제였던 한경희 스팀청소기를 보면서 저 역시 뜨개질 시장의 파이를 키워서 시장을 더욱 활성화시키겠다는 꿈을 키웠습니다.

택시를 운전하면서 체감한 '1등 정신'은 책을 통해 제 내면에 축

적되었습니다. 얇은 지식의 수준을 넘어서 제대로 된 1등 정신을 내면에 체화하기 위해서 성공스토리 위주의 인물중심 도서만큼 제격인 것이 없습니다. 그래서 저는 지금도 꿈과 야망을 키우는 사람들에게 꼭 책과 뉴스, 강연을 추천합니다.

다만 전역하면서 목표로 했던 일본으로 건너가려던 계획은 지금은 접었습니다. 요즘은 일본 털실보다 유럽 털실이 인기가 더 많습니다. 예전에도 그러하기는 했지만 일본 털실이 한참 인기 있을 때 일본 도매상에 1년만 근무를 하면서 저녁에는 사진 공부를 하면 어떨까 생각을 하기도 했습니다. 하지만 현재는 일본 제품보다는 유럽 제품을 선호하는 뜨개질 시장의 분위기가 이어지면서 굳이 사진을 배우러 일본에 갈 요인이 사라졌습니다. 지금은 일본으로 사진을 배우는 것을 포기한 상황이지만, 언젠가 뜨개질 시장의 분위기가 크게 바뀐다면 그때 또 한 번 시도해보겠다는 한 가닥 희망만은 가슴 한편에 남겨두었습니다.

언제 어디서나 1등주의를 기억해야 합니다. 때론 사람들이 1등은 공부 잘하는 사람이나 추구하는 것이라고 합니다. 혹자는 "네가 삼성맨이냐?"라고 비웃기도 합니다. 그렇지만 1등은 결코 잘나가는 사람들의 전유물이 아닙니다. 언제 어디서나 추구할 수 있는 것입니다. 그 곳이 서울역 앞 노점상이든, 허름한 뒷골목 포장마차든 어디나 1등은 있습니다. 심지어 구걸을 하는 사람들 사이에도 1등은 존재하는 법입니다.

택시운전을 하면서 제게 절대적인 성취감을 준 것은 월급을 많이 받아서가 아니라 총 200명이 넘는 기사 중 항상 1등을 했다는 사실 그 자체였습니다. 성취감과 더불어 책을 통해 만난 세상은 저를 무엇이든 할 수 있다고 용기를 내게 만들어 주었습니다. '무엇이든 할 수 있다'는 자신감이 생기면, 정말 못할 게 없어집니다. 더불어 그저 그런 사람들과는 다른 사람으로 성장할 수 있습니다. 더욱 열심히, 남들과 다르게, 근면성실하게 일하는 사람으로 말입니다.

다른 길을
찾다

적성에도 맞고 성과도 좋았던 택시운전기사 일도 영원하지는 않
았습니다. 1999년 초, 교대자 형이 택시노동조합 일을 적극적으로
하게 되었습니다. 행동대장 같은 중요한 역할을 했는데 형이 밀었던
노조위원장이 탈락하면서 회사 내의 입지가 이상하게 축소되었습
니다. 교대자 형과 친하다는 이유로 저에게도 그 여파가 밀려 왔습
니다. 결국 자연스럽게 다른 일을 찾게 되었습니다.

❤️ 타이밍의 중요성

택시운전기사를 그만두면서 장사를 해야겠다는 생각을 했습니다. 장사는 누구의 눈치를 보면서 일하지 않기 때문에 제 일을 할 때 그 결과물이 더욱 빛나리라 생각했습니다.

장사라는 거사를 앞두고 저는 친구들과 처음으로 여행을 계획했습니다. 먼저 떠나간 그녀를 유일하게 보았던 제주도 친구와 단짝친구의 연신내 동창이었던 김정재라는 친구와 함께 여행을 준비했습니다. 이 두 친구는 김일성 사망 때 면회를 왔던 친구들인데, 특히 김정재는 홍성교도소에 면회를 왔을 정도로 저와 가깝게 지내던 친구입니다. 이들과 여행을 계획한 것은 새로운 일을 시작하기 전 재충전의 시간을 갖기 위해서입니다. 그동안 앞만 보고 달려온 저에게 친구들은 휴식을 권유했고 정말 쉬고 싶다는 생각을 했습니다. 일단 무조건 부산으로 여행지를 잡았고 부산에 가서 다음 여행지를 선택하기로 했습니다. 군 전역 후 처음으로 갖는 휴가였고 쉬는 것이 생소해서 어색했지만 무언가 해낼 수 있다는 자신감은 충만했던 시기였기에 과감히 여행을 떠날 수 있었습니다.

여행을 가기 전 홍대 앞에서 있었던 고등학교 동창회를 참석했습니다. 1차를 마시고 2차 장소로 이동하던 중 누군가가 인형뽑기기계를 발견했고 너도나도 2대의 기계에 매달렸습니다. 30분의 시간 동안 15명이 쓴 돈은 10만 원 가까이 되었고 술 마시는 내내 머릿속에서 그 금액이 잊히지 않았습니다.

다음날 여행을 떠나 부산에서 머리를 식히며 바닷바람을 실컷 맞았습니다. 그런데 부산을 여행하던 중 인형뽑기기계를 또 보게 되었습니다. 알고 보니 인형뽑기기계가 부산에서는 대유행이었습니다.

그날 저녁, 친구의 친구가 우연히 연락이 되었고 저녁에 집으로 초대를 하여 그날은 그곳에서 신세를 지게 되었습니다. 거기서 친구로부터 다른 친구를 소개받았습니다. 그런데 소개받은 친구는 인형뽑기를 통해 엄청난 수익을 거두고 있었습니다. 소개받은 친구가 기계를 처음 설치하고 돈통을 가지고 온 날, 자신의 아내에게 돈을 세라고 한 뒤 목욕을 하고 있는데 아내가 소리를 지르며 "난리 났다"고 말했답니다. 기계 1대당 주말에는 15만 원까지 매출이 올랐고 평일에도 10만 원 매출이 나왔기 때문입니다. 그 친구도 기대하지 않았던 수준의 매출이었습니다.

안 그래도 전날 홍대 앞에서 잊히지 않았던 인형뽑기 사건이 있었는데 우연인지 필연인지 집으로 초대했던 친구의 친구가 바로 그 인형뽑기를 통해 엄청난 수익을 거두고 있었습니다. 그 소개받은 친구는 삼형제가 모두 같은 일을 했는데, 형제가 각각 평균 15대 이상의 기계를 운영하고 있었습니다. 이를 보고 인형뽑기 자판기 사업에 관심을 가지게 되었습니다.

부산에서는 인형뽑기기계가 상당한 인기를 얻었지만, 이에 비해 당시 서울에는 인형뽑기기계가 홍대 앞 정도를 제외하면 거의 없었고, 이를 아는 사람들 드물었습니다. 마치 일본에서 성공한 사업을 한국에 들여오면 성공하듯이, 저도 부산에서 성공한 비즈니스 모델을 본 느낌이 들었습니다.

인형뽑기기계를 운영하면 돈을 좀 만질 수 있겠다는 확신이 생겼고 다음날 친구들과 헤어져 먼저 서울로 올라왔습니다. 일단 인형뽑기기계부터 계약하고 인형업자와 만나서 상담을 받았습니다. 친구의 소개로 영등포 유통에서 업자를 만났고 우선 기계를 총 3대 주문했습니다. 당시 기계값은 대당 45만 원이었고, 인형업자는 청계천 5가에 있는 인형 도매상에게 공급 받기로 했습니다.

소개받은 친구의 말을 떠올렸습니다. 부산은 이미 포화상태라서 경산이나 경상북도 쪽으로 옮겨가는 시기였기 때문에 6개월만 집중하고 그 이후에는 다른 형태의 사업을 해보라는 조언이었습니다. 그때는 당장 성공을 목전에 앞둔 성공한 기업인이 될 것이라는 예감마저 들었습니다. 그동안의 일들이 주마등처럼 스쳐 지나갔습니다. 이제 나의 일을 갖고 나만을 위해 투자하는 삶을 꿈꿨고 더욱 열심히 일하리라 다짐했습니다.

저는 어릴 때부터 살아와서 지리와 유동인구를 잘 파악하고 있는 불광역 인근에 기계를 설치할 생각이었습니다. 불광역에서 먹자골목 초입에 슈퍼가 있었는데 어릴 때부터 잘 아는 곳이라 그곳의 수익이 가장 기대되었습니다. 대략 기계 3대에 기대했던 월매출액은, '일 25만 원×30일=750만 원'입니다. 인형충전비용과 기계설치유지비용을 빼면 대략 월 400만 원의 수익을 예상했습니다. 만약 인형뽑기기계가 성공한다면, 그 다음엔 관공서나 휴게소 자판기 사업을 하겠다는 나름 야심찬 상상을 하기도 했습니다.

다음날이었습니다. 그날 저녁 가까운 친구들과의 약속도 미루고 집안에서 조용히 다짐을 하고 있었는데 오랜만에 중학교 동창들에게 연락이 왔습니다. 저는 왠지 그날따라 동창들을 만나러 나가기 싫었지만 간단하게 먹기로 하고 동창모임에 참석했습니다.

그렇게 많이 마시지는 않았습니다. 하지만 1차만 마시고 가려던 술자리는 2차로 이어졌고 친구들이 모이면서 일이 점점 커지게 되었습니다. 술자리를 두 번 가량 옮기고 나서 중학교 졸업 후 처음 재회한 친구가 3차를 가자고 손을 잡아끌었습니다. 실랑이는 도로가로 이어졌고 가기 싫다며 3차를 가자는 중학교 동창의 손길을 뿌리치고 돌아서려는 순간 저 멀리서 차가 오는 것이 보였습니다. 저는 무의식적으로 친구를 잡아끌었습니다. 그 반동으로 제 몸이 앞으로 쏠렸고 그대로 정신을 잃었습니다.

눈을 뜨니 다리를 움직일 수 없었고 전치16주 인대가 찢어지는 부상을 당했습니다. 앰뷸런스에 실려 병원으로 이송되었다고 하는데 기억이 거의 없습니다. 5개월이 지나고 퇴원하니 이미 인형뽑기 기계는 인기 아이템으로 서울 전역에 뿌려져 있었습니다. 인형뽑기는 사고당시 공중으로 떠올랐던 저의 몸처럼 공중으로 흩어져 버렸습니다.

또다시 좌절하면서 억울하고 분했습니다. 사업은 타이밍이라는 말이 있죠. 저 같은 경우는 기가 막힌 타이밍에 사업을 시작할 수 있던 기회를 놓쳐버린 것입니다. 타이밍을 놓쳐서 김이 샌 느낌이었을까요. 그새 제가 설치하려고 했던 불광역 인근 3곳에 이미 인형뽑기 기계가 설치가 되어버렸기 때문입니다.

게다가 진입 장벽이 워낙 낮은 사업이라서 경쟁이 슬슬 심해졌습니다. 처음에는 기계설치를 하면서 가게매장에 전기료 정도만 주면 되었는데 비용이 점점 올라가면서 아예 설치업체 쪽에서 매출액을 7대 3으로 나눠 갖는 방안을 제시하기도 했습니다. 아예 직접 기계를 설치하면서 운영까지 하는 자영업자들이 많이 생겨났고 그 틈바구니에서 인형만을 공급하는 형태의 업자도 생겨나면서 시장은 과열 양상을 보이기 시작했습니다.

그제야 그 친구가 딱 6개월만 하고 빠지라고 했던 말의 의미를 알 수 있었습니다. 당시에 거의 5개월이 지난 시점이라서 끝물이 아닐까 하고 고민했었는데, 열정이 사그라지고 나니 자신감도 잃고 말았습니다.

인형뽑기기계 사업이 졸지에 물 건너가 버렸지만 그대로 좌절할 수 없었습니다. 애초에 꿈을 꾸었던 장사라는 걸 하겠다고 다짐했고 무작정 청계천으로 갔습니다. 전보다 더 신중하게 사업을 모색했습니다. 여러 사람에게 종목을 추천 받았지만 이거다 싶은 것이 없었습니다.

그러던 중 뜨개질에 관심이 갔습니다. 매력을 느끼게 되었던 건 바로 중독성이었습니다. 뜨개질은 평생을 배워도 깊이가 끝이 없고 한 번 시작하게 되면 그 매력에서 헤어 나올 수 없다는 걸 알았기에 인생을 걸어보아도 좋겠다는 생각을 했습니다. 또 그동안 사람들을 만나면서 느껴왔던 확신을 결과물로 만들고 싶다는 생각도 들었습니다.

🌱 술자리를 경계하라

앞서 말한 경험을 통해 다짐한 것도 있습니다. 바로 '중요한 일을 앞두고 있을 때는 술자리를 경계해야 한다'는 교훈입니다.

이는 제 새아버지를 봐도 일맥상통하는 교훈입니다. 새아버지는 재능 측면에서는 존경할만한 분이긴 했지만, 문제는 술이었습니다. 그는 과도한 음주로 인해 스스로 몰락한 예술가였습니다. 일주일을 기점으로 사흘 동안 그림을 그리고, 이틀 동안 술을 마셨으며, 나머지 이틀은 쉼 없이 잠만 잤습니다.

심지어 술만 마시면 자신이 차고 있던 명품 손목시계를 풀어서 그냥 줘버린 일이 몇 번이나 있었는지 모릅니다. 집에는 남농 선생님의 작품뿐 아니라 많은 골동품이 있었는데 술 취할 때 적당히 기분을 맞추면 모든 게 상대방 차지가 되었을 정도지요.

새아버지는 술에 취하면 같은 말을 반복했고 모르는 사람에게도 말을 걸었습니다. 그리고 꼭 대중교통을 이용했습니다. 죽기보다 싫었고 창피했지만 어쩔 수 없었습니다. 시끄럽게 떠들고 같은 말을 반복하는 그를 사람들은 외면했고 전 얼굴을 숙이면서 참아야만 했습니다.

친어머니가 결혼 때문에 인사하러 갔는데 남농 선생께서 "저놈 술버릇이 고약해서 고생 좀 할 텐데. 그렇지만 재능은 최고야"라고 말씀하셨다고 합니다.

새아버지의 뛰어난 재능 덕분에 당시에 매니저 역할을 자청하는 사람이나 미술협회도 많았습니다. 새아버지는 개인전을 일 년에 2회 이상 했는데, 그때마다 그림이 모두 완판되었습니다. 개인전의 손님 접대 음식을 어머니가 손수 만들었습니다. 그로 인해 집에는 항상 홍어 삭힌 항아리가 가득했고 찾아오는 사람들과 제자들 때문에 집안은 항상 시끄러웠습니다.

매니저도 친구도 절대 오래가지 않았던 이유는 한 가지, 바로 술 때문이었습니다. 재주는 인정을 받았지만 술버릇이 고약했고 그로 인해 돈도 사람도 잃게 되었죠. 지금 생각해보면 제자들이나 손님들도 새아버지를 진심으로 대하지 않았던 건 아니었나 하는 생각마저 듭니다. 집은 항상 새아버지 제자와 손님들이 많았고, 이들은 종종 제게 그림을 지도해주기도 했습니다. 그런데 아무리 생각해도 소질이 전혀 없는 제게 그들은 무조건 영혼 없는 칭찬을 했던 것 같습니다. 당시에는 고마웠지만 제게 재능이 없다는 걸 한참 후에야 알게 되었고 지금은 그들이 약간 원망스럽기도 합니다. 영혼 없는 칭찬은 돌고래를 춤추게 하는 것이 아니라 착각에 빠져 엉뚱한 길로 들어서

게 만드는 것 같습니다.

새아버지와 살았을 때 가장 두려웠던 때는 새아버지가 술에 취한 시간이었습니다. 술에 취하면 가족 모두가 새아버지를 피해 도망갔던 기억이 아직도 생생합니다. 새아버지는 술만 취하면 동네에서도 외면당할 정도로 주사가 심각했습니다. 저 역시 초등학교 때 몇 번 새아버지에게 맞았던 기억이 납니다. 저는 소소하게 몇 번 맞았을 뿐이지만 친어머니는 더 많이 맞았습니다.

저는 물리적으로 얻어맞는 것보다는, 새아버지가 취했을 때 그날의 무서운 분위기가 가장 힘들었습니다.

고등학교 졸업 무렵 취한 새아버지가 가구를 부시자, 제가 새아버지 팔을 잡고 힘으로 버티는 사건이 있었고 그 뒤로는 저에게는 술주정을 하지 않았습니다. 그게 새아버지의 마지막 술주정이었고, 그즈음부터 새아버지 당뇨병이 진행되었습니다. 술이 원수라는 말처럼, 정말 아버지의 음주행태는 온 가족을 너무나 힘들게 했죠.

만약 제가 그날 저녁 중학교 동창들과 술자리에 가지 않았다면 어땠을까요. 혹은 1차만 간단하게 마시고 적당히 정리를 한 뒤 2차 술자리에 가지 않았더라면 어땠을까요. 중학교 졸업 후 처음 재회한 친구와 3차를 가야 한다는 등 실랑이조차 벌어지지 않았을 것입니다. 그리고 실랑이가 벌어지지 않았다면 전치16주 인대가 찢어지는 부상을 당하지 않았겠지요. 앰뷸런스에 실려 병원으로 이송되지도 않았을 테고, 인형뽑기기계가 인기 아이템으로 서울 전역에 뿌려지기 전에 인형뽑기사업을 시작할 수 있었을 것입니다. 사업 타이밍을 놓치지 않았던 저는 지금쯤 다른 일을 하고 있을지도 모릅니다. 사고 이후 다시는 중요한 일을 앞두고 술자리를 과하게 가지지 않으려고 노력합니다.

❧ 기본이 답이다

세상에는 특권을 누리는 사람과 그렇지 못하는 사람이 있습니다. 이런 상황에서 특권을 누리지 못하는 사람이 특권을 누리려면 어떻게 해야 할까요. 저는 '무조건 열심히 하라'고 말하고 싶습니다. 성실은 늘 모든 상황에서 기본이 되기 때문이죠. 저 또한 그랬듯, 많은 것을 가지지 못한 사람이 유일하게 만들 수 있는 무기는 오로지 성실뿐입니다.

물론 묵묵히 일한다고 다가 아닌 것 맞습니다. 열심히 일하는 게 손해가 될 수도 있습니다. 하지만 손해가 자꾸 발생한다고 열심히 하지 않으면 당신은 유일하게 장착할 수 있는 무기마저 떼어버리는 처지로 전락하고 맙니다.

성실이라는 무기를 장착할 때, 한 가지 기억해야 할 것은, 내 이

익만 생각하지 말라는 겁니다. 살기 위해 닥치는 대로 일을 하던 시절, 택시운전을 할 때도 저는 제 벌이보다 손님이 먼저라고 생각했습니다. 소위 말하는 피크타임에도 손님을 골라 태우지 않았고 합승도 잘 하지 않았기 때문에 결과적으로 제 벌이도 많아질 수 있었습니다.

동료 기사들이 봤다면 미련하다고 했겠지만 저는 기본에 충실했습니다. 대신 손님이 가자는 곳으로 가면서 성실히 몸을 움직였기 때문에 제가 몸담았던 조직에서 1등을 할 수 있었던 것입니다. 암울했던 어린 시절에 소위 사회에서 말하는 스펙도 초라한 저도 이렇게 할 수 있었는데, 여러분이라고 불가능하겠습니까?

언제 어디서 무엇을 하든, 내가 조금 손해 보고 희생한다는 생각으로 최선을 다한다면 당신의 무기, 즉 성실이 더욱 빛이 날 것입니다.

주위에서 열심히 노력하지만 환경이 따라주지 않아 좌절감에 빠져 있는 젊은이를 많이 봅니다. 이런 마음의 수렁에 빠지면 남의 위로나 바랄 뿐 스스로 움직일 힘을 잃어버립니다.

여러분의 인생이 앞으로 어떻게 펼쳐질지는 아무도 모르는 것입니다. 앞으로 몇 분 후에 여러분의 환경이 변할지도 모릅니다. 이때 다가올 기회를 잡는가 못 잡는가 하는 문제는 평소 태도나 습관에 달려 있습니다. 그렇기에 행운이라는 것도 준비된 사람에게 다가오는 것입니다. 주어진 일이 어떤 것이든 무조건 열심히 하는 사람은 그래서 운도 좋습니다. 이 책을 읽는 모든 분들의 행운을 빕니다.

에필로그

나만의 열정 측정기가 필요할 때

하늘에서 비가 내립니다.

똑같은 시간, 똑같은 장소에 내리지만 땅에 닿는 비와 그릇에 담기는 비는 서로 소리가 다릅니다. 사람도 마찬가지입니다. 똑같은 경험을 하더라도, 경험을 받아들이는 마음자세에 따라 결과물은 엄청나게 달라집니다.

돌이켜보면 제 인생의 8할은 억울한 일투성이었습니다. 억울하고 원망스러운 일이 많았지만, 따지고 보면 그것은 저를 자극하고, 열심히 살고자하는 동기를 부여했습니다. 억울하다고 분노하기만 하면 억울함 외에는 아무것도 남지 않습니다. 억울하다고 억울해하면 억울한 인생이 되는 것입니다. 반면, 억울한 일들을 인생의 기회로 만들고자 한다면 그것은 훌륭한 인생의 기회입니다. 내가 처해진 열악한 환경이 오히려 다양한 경험을 할 수 있는 기회였다고 생각한다면, 다양한 변화와 기회를 맛볼 수 있습니다. 억울하고 원망스러운 경험이라고 할지라도 어떤 생각을 가지고 받아

262

들이는가에 따라서 다른 결과가 나온다는 의미입니다.

성공한 사람들은 말합니다. 단 한 번도 흔들리지 않았고 결심한 건 반드시 실행했다고 말입니다. 그 말을 믿으시나요? 저는 믿지 않습니다. 물론 그런 말을 하는 사람들은 그랬을 수도 있습니다. 하지만 이를 본인에게 적용할 때는 다르게 받아들여야 합니다. 그들도 사람인데 '단 한 번도'라는 게 가능한 일일까요?

저는 수도 없이 흔들렸습니다. 툭하면 방황하고 툭하면 가출하고 툭하면 밤문화에 빠졌습니다. 모든 것을 포기하고 싶은 적이 한두 번이 아닙니다. 저는 정말이지 수도 없이 실패하고 좌절하면서 무너지면서 살았습니다. 하지만 그럼에도 저는 오늘도 다시 일어섰습니다. 그래서 저의 이야기를 여러분과 공유하려 합니다.

아마 성공한 사람들도 대부분 그러했을 거라고 믿습니다. 그들도 사람이기 때문에 과정을 빼고 결과를 말하는 부분에서의 확신을 빼면 저처럼 실패하고 좌절하고 분명 넘어졌을 겁니다. 성공한 사람들이 '단 한 번도'라고 말하는 의미는 본인의 신념이라고 생각하면 됩니다. '단 한 번도'라는 말을 신념으로 여기고, 무너지거나 좌절할 때, 안 된다고 억울해하지 말고 무조건 일어서서 다시 시작하면 됩니다. 물론 그 과정에서 뒤따르는 교훈도 가슴에 꼬박꼬박 새기면서 말이죠.

모든 것을 포기하고자 흥청망청 살았더니 되돌아오는 것은 빚더미뿐이었고, 성격에 못 이겨 동생을 떠밀었더니 결국 저만 쫓겨날 뿐이라는 사실은 제가 직접 경험해보지 못했다면 제 가슴에 새기지 못했을 겁니다. 어제처럼 오늘도 일어서면 내일은 반드시 성공할 수 있습니다. 그러기 위해서는 오늘 하루도 반드시 이겨내야 합니다. 하루하루에 의미가 없다면 마음에 억울함과 원망밖에 남을 수 없습니다.

물론 말처럼 다시 시작하고 일어서는 것이 쉬운 일은 아닙니다. 한 번 상처 받은 사람은 내성이 생겨서 상처를 쉽게 이겨낼 수 있을 것 같지만, 꼭 그렇지만도 않습니다. 상처를 받는 사람은 항상 자신의 감정에 최선을 다하는 경우가 많아, 또다시 억울하고 어려운 일이 닥치면 다시 상처를 받는 경우가 많습니다. 하지만 상처를 받는다고 해서 감정에 계속 빠져있을 수만은 없습니다.

상처를 극복하고 열정을 유지해야 합니다. 그러려면 자신만의 열정 측정기를 가지고 있어야 합니다. 이 측정기를 가슴 속에 품고 열정의 깊이를 가늠해 놓고 항상 확인해야 합니다. 열정 측정기가 있다면 시간에 쫓겨서 일을 하더라도 일주일, 한 달, 일 년, 오 년, 십 년 후를 계획하고 점검할 수 있습니다.

열정을 유지하는 또 다른 방법으로 저는 책 읽기와 강연 듣기 그리고 뉴스 꼬박꼬박 챙겨보기를 추천합니다. 누구나 대부분 한 가지 일을 선택해 직업으로 삼고 살아가는 경우가 많습니다. 하지만 자신의 분야에만 관심을 가져서는 안 됩니다. 세상일은 서로 연관되어 있기 때문입니다.

자신의 일과 관계없는 책과 뉴스 기사를 접하면서, 그 내용이 본인의 일과 어떤 연관성이 있을지 생각해보세요. 꿈의 높이와 크기를 키우듯이 책을 쌓아 놓고 다양한 강연을 듣는 것도 좋습니다. 이런 노력을 지속한다면 언젠가 자신의 직업과 전혀 관련 없는 뉴스가 자신의 일과 연관되어 보이기 시작할 것입니다. 그만큼 세상을 탐구하려는 열정도 늘어나겠죠. 읽을 수 있는 만큼만 책을 구입하고, 어쩔 수 없이 들어야 하는 강의만 듣는 것은 오히려 본인을 가두는 행위입니다. 책과 강연 그리고 뉴스는 기회가 있을 때마다 최대한 많이 접하는 것이 좋습니다.

저는 제가 대단하거나 특별한 사람이 아니라고 생각합니다. 격이 높은 사람들이 내놓는 전문적인 지침은 그럴 듯하지만, 많은 사람들이 따라할 수 있는 이야기는 아닙니다. 반면 제 인생은 지극히 평범하지만 용기를 얻을 수 있는 이야기입니다.

더군다나 저는 불행한 가정사로 내적 고통이 심했던 사람입니다. 하지만 저 같은 사람도 제가 꿈꾸던 일과 가정을 일궜습니다. 심지어 저 같이 내적 불행에 휩싸였던 사람도 그 고통과 좌절을 이겨낼 수 있었습니다. 이

런 내적 불행이 심하지 않은 사람들은 어느 정도의 노력만으로도 삶의 성
공을 이룰 수 있습니다.

　지금 이 글을 읽는 당신도 혹시 억울하세요? 그렇다면 당신은 성공할
수 있는 조건을 이미 갖고 있는 사람입니다. 이제 성공할 일만 남은 겁
니다.